2021

SEGUNDA EDIÇÃO

HUGO DE BRITO
MACHADO SEGUNDO

O DIREITO E SUA CIÊNCIA

UMA INTRODUÇÃO À EPISTEMOLOGIA JURÍDICA

EDITORA FOCO

2021 © Editora Foco

Autor: Hugo de Brito Machado Segundo
Editor: Roberta Densa
Diretor Acadêmico: Leonardo Pereira
Revisora Sênior: Georgia Renata Dias
Capa: Leonardo Hermano
Projeto Gráfico e Diagramação: Ladislau Lima e Aparecida Lima
Impressão: GRAFNORTE

Dados Internacionais de Catalogação na Publicação (CIP)

S456d

Segundo, Hugo de Brito Machado

O direito e sua ciência: uma introdução à epstemologia jurídica / Hugo de Brito Machado Segundo. - 2. ed. - Indaiatuba, SP : Editora Foco, 2021.

136 p. : 14cm x 21cm.

Inclui bibliografia e índice.

ISBN: 978-65-5515-308-8

1. Direito. 2. Epstemologia jurídica. I. Título.

2021-1947 CDD 340 CDU 34

Elaborado por Vagner Rodolfo da Silva – CRB-8/9410

Índice para catálogo sistemático:

1. Direito 340 2. Direito 34

NOTAS DA EDITORA:

Atualizações do Conteúdo: A presente obra é vendida como está, atualizada até a data do seu fechamento, informação que consta na página II do livro. Havendo a publicação de legislação de suma relevância, a editora, de forma discricionária, se empenhará em disponibilizar atualização futura. Os comentários das questões são de responsabilidade dos autores.

Bônus ou *Capítulo On-line*: Excepcionalmente, algumas obras da editora trazem conteúdo extra no *on-line*, que é parte integrante do livro, cujo acesso será disponibilizado durante a vigência da edição da obra.

Erratas: A Editora se compromete a disponibilizar no site www.editorafoco.com.br, na seção Atualizações, eventuais erratas por razões de erros técnicos ou de conteúdo. Solicitamos, outrossim, que o leitor faça a gentileza de colaborar com a perfeição da obra, comunicando eventual erro encontrado por meio de mensagem para contato@editorafoco.com.br. O acesso será disponibilizado durante a vigência da edição da obra.

Impresso no Brasil (05.2021) – Data de Fechamento (05.2021)

2021

Avenida Itororó, 348 – Sala 05 – Cidade Nova
CEP 13334-050 – Indaiatuba – SP

E-mail: contato@editorafoco.com.br
www.editorafoco.com.br

NOTA À SEGUNDA EDIÇÃO

Motivo de alegria e surpresa, o rápido esgotamento da primeira edição deste livro revela o quanto a Epistemologia desperta o interesse do público leitor, estando ainda carente de maior atenção por parte da literatura jurídica nacional. Permitiu-me, ainda, pequenos polimentos no texto da primeira edição, que segue basicamente o mesmo. Foram feitos, contudo, alguns acréscimos, referentes a reflexões posteriores à publicação da primeira edição, voltadas a temas como a inteligência artificial (e o problema da cognição, que às máquinas também se coloca), e a epistemologia do testemunho.

Sou muito grato ao público leitor, pela carinhosa acolhida que deu a este livro, e à editora Foco, na pessoa da Dra. Roberta Densa, pela atenção e pelo zelo dedicados a ele, a partir desta segunda edição.

Fortaleza, junho de 2021

Hugo de Brito Machado Segundo

NOTA PRELIMINAR

Já é razoável a quantidade de livros a respeito de temas ligados à Teoria do Conhecimento, à Epistemologia e à Filosofia da Ciência, ramos do conhecimento que em grande parte se sobrepõem, sendo as palavras que os designam não raro usadas como sinônimas. Em alguns desses livros, há detido e aprofundado apanhado histórico a respeito do conhecimento e das várias correntes filosóficas em torno dele, abordando-se desde antigos pensadores orientais até os mais recentes escritos da contemporaneidade. É possível encontrar, também, aqueles dedicados especificamente ao pensamento deste ou daquele autor, como Confúcio, Platão, Bacon, Locke, Hume, Spinoza, Kant, Popper, Feyerabend, Kuhn etc. Não se pretende, por isso, meramente replicar ou compilar tais estudos aqui, com longos capítulos dedicados a um traçado histórico de escolas ou correntes de pensamento.

Em verdade, este pequeno escrito tem o propósito de examinar e expor as principais noções da Teoria do Conhecimento na contemporaneidade, da forma como as compreende o seu autor. Naturalmente, essas noções serão obtidas com apoio no pensamento e nos escritos de diversos autores e escolas, a serem devidamente referidos, quando for o caso. O que não se pretende é fazer uma exposição pretensamente histórico-descritiva de cada escola filosófica, indicando principais expoentes, contexto de surgimento, ideias centrais, críticas etc.; a opção foi por refletir em torno da cognição humana e de suas relações com o Direito, colhendo, das várias teorias e escolas que já se ocuparam do tema, os pontos nos quais parecem – novamente na visão de quem escreve estas linhas – ter acertado.[1] Será oportuno,

1. O propósito é fazer como Francis Wolff, que não procurou elaborar uma história das ideias, mas sim "refletir sobre nossa humanidade." E, tal como ele, aqui se pode dizer que "muito deve o retrato final que esboçamos como conclusão às figuras filosóficas clássicas, ou melhor, ao que delas subsiste ao crivo dos saberes contemporâneos" (Francis Wolff. *Nossa humanidade*. De Aristóteles às neurociências. Trad. Roberto Leal Ferreira, São Paulo, Unesp, 2012, p. 19).

nesse quesito, levar em conta reflexões recentemente havidas no âmbito da biologia e da neurociência, a partir das quais essas noções de filosofia podem ser revisitadas e eventualmente ratificadas ou retificadas em alguns pontos.

Mas não só. Depois de examinar o que se entende por *conhecimento*, bem como a forma como ele acontece, em dia com algumas recentes constatações da biologia e da neurociência em torno do assunto, pretende-se aplicar essas ideias ao estudo do fenômeno jurídico em suas múltiplas dimensões: normativa, axiológica e factual. Quais são as várias formas de se conhecer o Direito e como elas interagem? É possível uma ciência a respeito de normas? Seria ela, por isso, dogmática? Como se podem estudar valores? É viável, nesse contexto, falar-se em uma Epistemologia Moral? Quanto aos fatos, como proceder à sua cognição, seja no que tange ao Direito enquanto fenômeno histórico, seja no que diz respeito à parcela específica da realidade sobre a qual as normas incidem, no amplo e ainda relativamente inexplorado campo da prova? Quais as consequências da limitação humana na cognição dos fatos, e como essa limitada cognição dos fatos repercute no respeito aos princípios da legalidade e do Estado de Direito, ao direito probatório em geral e ao dever constitucional de fundamentação das decisões judiciais? São esses, basicamente, os assuntos a respeito dos quais trata este livro.

É preciso registrar, e agora peço licença ao leitor para o uso da primeira pessoa do singular, que o interesse pela Epistemologia me foi despertado pelo Professor Arnaldo Vasconcelos, meu professor no curso de graduação em Direito da Universidade Federal do Ceará, que procurava fazer com que seus alunos aprendessem a pensar e a estudar o Direito, de modo crítico e criativo, em vez de meramente transmitir a eles fórmulas prontas e inquestionadas. Posteriormente, como seu aluno no Doutorado na Universidade de Fortaleza, pude aprofundar um pouco mais esses estudos, facultando-me, algum tempo depois, criar, já como professor do Programa de Pós-Graduação em Direito da Universidade Federal do Ceará-UFC, a disciplina *Epistemologia Jurídica*, na esperança de assim despertar em outras mentes o interesse que o Professor Arnaldo despertou e desperta na dos que têm o privilégio de ouvir ou ler suas lições. Não poderia encerrar essa nota introdutória, portanto, sem este agradecimento a ele. Por igual, especificamente no que tange à relação entre a Epistemologia e a Prova, talvez o aspecto deste trabalho mais imediatamente *aplicado às lides forenses*, devo registrar minha gratidão ao Professor Marcelo Lima Guerra, outro profundo estudioso do assunto, com quem aprendi sobre as conexões da Epistemologia com o Direito Processual, com a temática da prova e com a neurociência. Sou muito grato, ainda, ao Professor Raul Carneiro Nepomuceno, da Universidade Federal do Ceará, que leu atentamente os originais deste livro e contribuiu com inúmeras observações, de forma e de conteúdo, importantes para deixá-lo menos imperfeito.

Espero que o livro seja útil aos leitores, permanecendo à disposição, pelo e-mail, para a troca de ideias e o esclarecimento de dúvidas, bem como para receber críticas e sugestões para uma possível nova edição, ou mesmo para dar sequência, em outros ambientes, às discussões aqui iniciadas.

Fortaleza, fevereiro de 2016

Hugo de Brito Machado Segundo
hugo.segundo@ufc.br

SUMÁRIO

CAPÍTULO 1
PREMISSAS FUNDAMENTAIS

1.1 Vida, informação e interação com o meio. 1.2 Instinto. 1.3 Cognição, linguagem e racionalidade. 1.4 Ser humano, valores morais e Direito. 1.5 Conhecimento e inteligência artificial.

1.1 VIDA, INFORMAÇÃO E INTERAÇÃO COM O MEIO

Os seres vivos têm mecanismos que permitem a interação das partes que os compõem, entre si e com o ambiente ao seu redor. Isso pressupõe a possibilidade de a certos estímulos corresponderem determinadas reações. Procurar luz, água ou alimentos e evitar temperaturas extremas são os exemplos mais evidentes de comportamentos destinados a aumentar as chances de sobrevivência do organismo, e que pressupõem uma relação das partes que integram o organismo entre si, e do conjunto por elas formado com o ambiente circundante. Para que essa interação ocorra, logicamente, ao ser vivo é preciso *conhecer* a situação das partes que o compõem e esse ambiente no qual está situado, tornando possível a tomada de posição diante dele. Não há como se evitar o calor extremo se não se está de algum modo informado da temperatura ambiente e do limite a partir do qual ela passa a ser perigosa à manutenção da vida, por exemplo, assim como não se pode buscar alimento se não se sabe que o organismo está precisando dele, e onde ele pode ser encontrado.

A palavra *conhecer*, por enquanto, está sendo propositalmente usada em uma acepção muito ampla. É nesse sentido que se diz que uma bactéria *sabe* quando está sendo atacada e conhece meios para enfrentar a ameaça; o sentido é semelhante quando se cogita de um carro – que *sabe* estar com pouco combustível e acende uma luz no painel para informar isso ao motorista –, ou do computador – que *sabe* que a impressora está com pouca tinta e o informa ao usuário por meio de um aviso na área de trabalho. Inexiste, evidentemente, consciência, há apenas mecanismos que permitem a reação adequada a determinado estímulo,[1] ou, por outras palavras, que *emprestam consequências às informações obtidas.*

No que tange aos seres vivos, nesse nível mais elementar, informações são registradas,[2] armazenadas e transmitidas por meio do código genético, no qual se acham as instruções em torno do funcionamento do organismo e de como deve ocorrer sua interação com o meio que o circunda. É no DNA que se acham registradas as instruções sobre como o organismo deve ser construído e posto em funcionamento, tudo decorrência de milhões de anos de seleção natural.

Vale recordar, aqui, noções básicas de biologia, em função das quais se sabe, *v.g.*, que se as bactérias de determinada espécie têm diferentes graus de resistência ao calor, e o ambiente no qual vivem se torna mais quente, gradualmente aquelas com maior resistência ao calor terão mais chances de sobreviver e de gerar descendência igualmente mais resistente, dando-se o inverso com as menos resistentes. Ao longo de um significativo número de gerações, todas as bactérias sobreviventes serão mais resistentes ao calor, tornando-se aptas a melhor enfrentá-lo. Essa é a razão pela qual os organismos parecem tão bem adaptados ao meio em que vivem, tendo os ursos polares cor semelhante à da neve que os rodeia e bastante gordura e pelos para se protegerem do frio, e as raposas do deserto cor amarelada, semelhante à da areia abundante em seu meio, além de grandes orelhas por meio das quais dissipam o calor de seu corpo, apenas para citar dois exemplos.

---

1. Por *adequada*, no caso de objetos como carros, computadores, máquinas etc., entende-se aquela desejada por quem os projetou. A consequência dada pelo sistema ao estímulo é *adequada* no sentido de que é aquela pretendida pelo criador do sistema. Em relação aos seres vivos, naturalmente, por *adequada* compreende-se aquela reação que incrementa as chances de sobrevivência e reprodução do indivíduo que a adota, e que por isso mesmo é naturalmente selecionada, em meio a muitas outras que conduziam a consequências inadequadas ou inócuas à sobrevivência e por isso mesmo não são naturalmente selecionadas. Confira-se, a propósito: Richard Dawkins. *O maior Espetáculo da Terra*: as evidências da evolução. Trad. Laura Teixeira Motta, São Paulo, Companhia das Letras, 2009, p. 50 e ss.
2. Cf. Adam Rutherford. *Criação*: a origem da vida/o futuro da vida. Trad. Maria Luiza X. de A. Borges, Rio de Janeiro, Zahar, 2014, passim. Para uma abordagem do assunto no âmbito da Epistemologia Jurídica, veja-se: Enrique R. Aftalión, José Vilanova, Julio Raffo. *Introducción al Derecho*. Buenos Aires, Abeledo-Perrot, 2004, p. 41-47.

O termo *aprendizado* aqui pode ser usado, também, mas em sentido igualmente figurado ou metafórico e bastante amplo. A rigor, um ser vivo individualmente considerado, nesse processo seletivo, não "aprende", da mesma forma como sequer "sabe" de coisa alguma. A maior parte deles sequer possui consciência, e mesmo o ser humano, que dela é dotado, não precisa ter consciência sobre como digerir proteínas para que seu aparelho digestivo o faça com adequação. Em verdade, como aqueles que não conseguem lidar com o problema morrem, e os que reagem de forma favorável à sobrevivência deixam descendentes aptos a reagir do mesmo modo, ao longo de incontáveis gerações se pode dizer, até de determinada espécie vegetal, que esta, *enquanto espécie*, "aprendeu" a procurar água ou luz desta ou daquela maneira. É nesse sentido, obviamente metafórico, que se diz que bactérias "aprendem" a reagir a certos antibióticos, razão pela qual é perigoso interromper prematuramente o tratamento com um medicamento dessa natureza. Pontes de Miranda, por isso mesmo, afirma que tais seres muitas vezes "fazem certo sem saber", sendo indissociáveis a sua origem e a de seus instintos.[3]

Essa interação com o meio, por ser essencial à sobrevivência, foi naturalmente aprimorada também, tendo o processo de seleção natural levado ao surgimento de seres dotados de sistemas dedicados a uma mais detalhada cognição do ambiente circundante. Afinal, quanto mais e melhor o ser vivo conhece o ambiente no qual se insere, maiores são suas chances de se adaptar a ele, sobrevivendo e deixando descendência igualmente apta. Isso explica o surgimento do sistema nervoso nos animais, e, com ele, para supri-lo de informações, dos órgãos dos sentidos.

Como sempre ocorre diante da escassez de recursos e de ilimitadas finalidades a serem atendidas, há um *trade off* em face do qual custos são suportados somente na medida em que forem estritamente necessários ao retorno desejado. Na biologia, tal como na economia, a relação custo-benefício está sempre presente. Uma bela cauda atrai fêmeas para o pavão macho, mas também consome recursos de seu organismo, que poderiam ser empregados em funções mais vitais, além de dificultar-lhe a

3. Pontes de Miranda. *O problema fundamental do conhecimento.* Porto Alegre, O Globo, 1937, p. 19.

locomoção e deixá-lo mais visível a possíveis predadores. Ela será grande e colorida, portanto, apenas *o suficiente* para atrair uma quantidade de fêmeas que torne a perpetuação daquele indivíduo possível. Atingida de forma satisfatória a finalidade, não há porque empregar ainda mais recursos, que são escassos, naquele meio (a cauda), já que existem muitos outros a serem igualmente atendidos (patas potentes para uma rápida locomoção, sistema imunológico eficaz no combate a doenças etc.). Adequação, necessidade e proporcionalidade em sentido estrito, embora pareçam criações da Teoria Constitucional,[4] são ideias trabalhadas há milhões de anos pelo processo biológico de seleção natural, sendo pertinente que sempre existam vários fins a serem perseguidos, e meios insuficientes à satisfação integral de todos eles.

Precisamente por isso, os órgãos dos sentidos, produtos do processo de seleção natural, não fornecem ao ser que os possui uma impressão *perfeita* do mundo que o cerca. Além das limitações decorrentes da localização – no tempo e no espaço[5] – em que o indi-

---

4. Como se sabe, são estes os subprincípios em que a literatura especializada divide o princípio ou postulado constitucional da proporcionalidade. Cf., *v.g.*, J. J. Gomes Canotilho. *Direito Constitucional e Teoria da Constituição*. 6. ed. Coimbra, Almedina, 2002, p. 266 e ss.; Paulo Bonavides. *Curso de Direito Constitucional*. 31. ed. São Paulo: Malheiros Editores, 2016, p. 401 e ss.; Eros Roberto Grau. *A Ordem Econômica na Constituição de 1988*. 17. ed. São Paulo: Malheiros Editores, 2015, passim; Willis Santiago Guerra Filho, *Processo Constitucional e Direitos Fundamentais*. 3. ed. São Paulo: Celso Bastos Editor, 2003, p. 65 e ss.; Helenilson Cunha Pontes. *O Princípio da Proporcionalidade no Direito Tributário*. São Paulo: Dialética, 2000; Humberto Bergmann Ávila. A distinção entre princípios e regras e a redefinição do dever de proporcionalidade. *RDA* 215/151-179; idem, *Teoria dos Princípios*. 16. ed. São Paulo: Malheiros Editores, 2005; Luís Virgílio Afonso da Silva. O proporcional e o razoável. In: Haradja Leite Torrens e Mario Sawatani Alcoforado (Coord.). *A Expansão do Direito* – Estudos de Direito Constitucional e Filosofia do Direito, em homenagem ao Professor Willis Santiago Guerra Filho. Rio de Janeiro, Lumen Juris, 2004, p. 83; Suzana de Toledo Barros. *O princípio da proporcionalidade e o controle de constitucionalidade das leis restritivas de direitos fundamentais*. Brasília, Brasília Jurídica, 1996 –, os quais, a rigor, estão presentes sempre que se estiver diante de um *trade off* entre meios escassos e finalidades impossíveis de serem todas atendidas completamente e ao mesmo tempo, seja ele feito em qualquer deliberação racional (inclusive não jurídica, como a feita por um médico sobre qual o melhor tratamento para uma doença), seja feito de maneira cega no processo de seleção natural (Hugo de Brito Machado Segundo, Ponderação de princípios – há como afastá-la?. *Revista da Faculdade de Direito do Sul de Minas*. v. 26, 2008, p. 161-180; Richard Dawkins. *O relojoeiro cego*. A teoria da evolução contra o desígnio divino. Trad. Laura Teixeira Motta. São Paulo: Companhia das Letras, 2001, p. 249 e ss.).
5. Cf., a propósito, Marcelo Gleiser. *A Ilha do Conhecimento*. Os limites da ciência e a busca por sentido. Rio de Janeiro: Record, 2014, p. 123.

víduo se encontra, e das dificuldades inerentes à interpretação das informações obtidas por tais órgãos, essa impressão perfeita, mesmo que fosse possível em tese, exigiria recursos demasiados, que fariam falta para outros fins igualmente necessários à sobrevivência do organismo. Daí por que os sentidos nos dão apenas uma impressão correta o suficiente (para a sobrevivência e a reprodução) a respeito do ambiente que nos cerca.[6]

Mas veja-se: o fato de os seres vivos terem o seu acesso ao mundo sensível intermediado por sentidos imperfeitos, a partir dos quais constroem internamente uma imagem provisória e retificável do mundo à sua volta, não deve conduzir à conclusão exageradamente cética segundo a qual as impressões que têm do mundo são falsas, ou sempre falsas, discrepantes da realidade concreta subjacente, que as provoca. Se assim fosse, os seres que delas dependem para sobreviver teriam perecido, enganados por seus sentidos sobre onde encontrar alimento, ou a respeito de para onde fugir de seus predadores. Deve-se, porém, reconhecer que elas tampouco são perfeitas, e às vezes são mesmo falsas, como sabe qualquer um que já teve a forte impressão de ver um amigo na rua, mas quando chegou um pouco mais perto constatou ser outra pessoa. O importante é ter em mente que essas impressões podem ser falsas, e por isso mesmo devem ser tomadas de forma provisória, presumindo-se corretas até que se chegue à conclusão contrária. Voltar-se-á a esse ponto mais adiante.

A interação de um indivíduo com o ambiente, e com outros animais, pode tornar-se mais favorável à sobrevivência se for também mais complexa. Grupos de indivíduos que cooperam entre si, por exemplo, têm mais chances de sobreviver que indivíduos isolados, ou, pior, do que grupos de organismos que se sabotam, os quais nem conseguem permanecer como grupos por muito tempo.[7] É fácil entender as razões para isso: grupos de indivíduos conseguem coisas

6. Miguel Nicolelis. *Muito Além do Nosso Eu*. São Paulo: Companhia das Letras, 2011, p. 452 e ss.; Thomas Metzinger. *Ego Tunnel*: the science of the mind and the myth of the self. New York: Basicbooks, 2010, p. 5. É igualmente esse *trade off* de recursos escassos dos quais dispõem os organismos que explica o fato de animais que vivem em lugares nos quais não há luz, como águas extremamente profundas ou o subsolo, não terem olhos, ou terem-nos muito pouco desenvolvidos.
7. Robert Axelrod. *A evolução da cooperação*. Trad. Jusella Santos. São Paulo: Leopardo, 2010, p. 19.

que cada indivíduo, sozinho, não conseguiria, sendo a *cooperação* naturalmente mais favorável à manutenção do grupo e à sobrevivência de todos os que nela estão envolvidos, já que a sobrevivência não é um jogo de "soma zero".[8] Essa é a explicação para o surgimento de seres pluricelulares e, posteriormente, para a união destes em grupos ainda maiores, desenvolvendo mecanismos que favorecem ou incrementam sua participação nas relações que formam ou caracterizam o grupo.

Dentro de um grupo pode eventualmente surgir um indivíduo que se beneficia da cooperação dos outros, mas não colabora com ninguém (conhecido como "carona", ou *free rider*). As vantagens experimentadas por esse *free rider* seriam enormes, pois sem os custos envolvidos no ato de cooperar com os demais, ele sairia beneficiado pela cooperação destes. Seres assim são altamente prejudiciais aos demais, e ao próprio conjunto.[9] Daí a necessidade, que levou à seleção natural dos mecanismos aptos a tanto, de que os indivíduos que compõem um grupo identifiquem aqueles que cooperam e os que não cooperam, lembrando de uns e outros para reagir adequadamente em seguida, seja para confiar nos cooperativos, seja para retaliar ou punir os não cooperativos, ou apenas proteger-se deles. Essa identificação e a prevenção relativamente ao poder destrutivo dos *free riders* surgiu naturalmente nos grupos, como produto do processo seletivo, por meio do que os biólogos convencionaram chamar *group selection*. Por outros termos, os grupos nos quais se observava algum mecanismo de controle e combate aos *free riders* foram naturalmente selecionados e prevaleceram sobre aqueles desprovidos de tais mecanismos, que pereceram.[10]

---

8. Entende-se por jogo de "soma não zero" aquele no qual o êxito de um dos participantes não necessariamente é prejudicial aos demais, em oposição aos jogos de "soma zero", no qual as vantagens de um dos participantes se traduzem em desvantagem aos demais. Enquanto a competição é natural a estes últimos, os primeiros tendem a fazer com que se desenvolva a cooperação entre os jogadores.
9. Basta lembrar que, em um organismo pluricelular, a célula que deixa de cooperar com as outras e atrai para si todos os recursos disponíveis, multiplicando-se desenfreadamente, tem o nome de câncer e, cedo ou tarde, se não combatida, leva ao perecimento de todo o conjunto (cf. Joshua Greene. *Moral Tribes*. New York: Penguin Press, 2013).
10. Matthew D. Lieberman. *Social. Why our brains are wired to connect*. Oxford University Press, ibooks, 2013.

Existem, naturalmente, várias formas de propiciar essa atuação, de modo a que os seres que vivem em grupos possam cooperar em um primeiro momento, mas em seguida retaliar ou punir aqueles que eventualmente não o fazem, protegendo-se de *free riders*. Consciência, memória e linguagem podem ter assim explicadas a sua origem, pois permitiram aos antepassados dos seres humanos essa maior interação, ou essa melhor atuação no jogo de soma não zero que é a sobrevivência por meio da cooperação. Aliás, não só consciência e memória, mas os próprios sentimentos morais.[11] Compaixão e altruísmo, por exemplo, assim como a indignação diante da falta de compaixão e altruísmo, são sentimentos que favorecem a cooperação[12] e, com ela, a sobrevivência dos membros do grupo que os nutrem.[13] Não é preciso que um sujeito lembre-se do outro que não cooperou com ele no passado para retaliá-lo em uma oportunidade futura, pois os próprios membros da sociedade, ao testemunharem a falta de cooperação, se encarregarão, se munidos de sentimentos morais, dessa retaliação. Surgem, assim, figuras como *respeito* e *reputação*, tão importantes para aqueles que precisam atrair a confiança dos que interagem consigo.[14]

Incremento ainda maior na aptidão cognitiva, também naturalmente selecionado, permitiu a alguns mamíferos, e em amplitude bem maior aos humanos, adquirir consciência de si, e de si enquanto ser consciente. Trata-se de uma importante ferramenta, fruto do processo de seleção natural, dedicada a incrementar as chances de sobrevivência e reprodução dos seres que a ostentam, notadamente por permitir-lhes uma mais fácil e rápida adaptação ao ambiente ao seu redor. Não por outra razão, os seres humanos povoam as mais

11. António R. Damásio. *O Erro de Descartes. Emoção, razão e cérebro humano*. 2. ed. São Paulo: Companhia das Letras, 2010, p. 153; Frans de Waal, *Good Natured*: the origins of right and wrong in humans and other animals. Cambridge, Harvard University Press, 1996, passim.
12. Justin Garson. *The Biological Mind. A philosophical introduction*. New York: Routledge, 2015, p. 30.
13. Joshua Greene. *Moral Tribes*, cit., passim.
14. Veja-se, a título ilustrativo, a importância que têm o *feedback* e as avaliações nos sites de comercio eletrônico, na *internet*. Mesmo que se trate de um comprador que provavelmente nunca mais comprará de novo daquele mesmo vendedor, este se preocupa em tratá-lo bem, não traindo sua confiança, pois uma avaliação negativa no site pode arruinar sua reputação e, com isso, inibir outras pessoas de negociarem com ele no futuro.

diversas regiões do planeta, das mais frias às mais quentes, das mais secas às mais úmidas, pois conseguem mais facilmente se adaptar a todas elas em função de sua inteligência.

Essa inteligência os habilita, ainda, a saber que existe o *outro*, que este outro também pensa, e, especialmente no caso dos humanos, saber, ou imaginar, o que este outro provavelmente está pensando, ou sentindo. Isso permite que se conheçam intenções, viabilizando a criação de realidades institucionais, assim entendidas aquelas construídas convencionalmente, como o dinheiro e as regras jurídicas.[15] E, por igual, surgiu com essa estrutura neurológica, agora sim de modo não metafórico, a possibilidade de conhecimento e de aprendizagem, tornando-se viável aplicar o mecanismo de tentativa e erro não aos indivíduos que corporificam, como fruto de seu código genético, propostas de resolver um problema posto à sobrevivência da espécie, mas às ideias ou teorias,[16] que podem inclusive interagir umas com as outras, gerando outras melhores.[17]

A partir dessas considerações uma série de conclusões pode ser extraída. A primeira delas consiste na riqueza de resultados que se tornam disponíveis quando as diferentes áreas do saber dialogam, não sendo proveitoso, diante de questões tão complexas, perder tempo com disputas de "demarcação territorial" entre diferentes especialidades. A segunda é a de que o conhecimento humano é falível, notadamente porque construído a partir de sentidos e de aparato neurológico que não são perfeitos, mas apenas bons o suficiente para permitir a sobrevivência de quem os possui. Essa falibilidade deve ser vista como uma abertura para um constante aprimoramento da imagem que se faz da realidade, com a aplicação da mesma lógica da seleção natural às ideias, e não como um pessimismo que conduza ao niilismo ou a um relativismo radical, posições extremadas que,

15. John Searle. *Libertad y Neurobiología*. Trad. Miguel Candel, Barcelona: Paidós, 2005, p. 103.
16. Karl Popper. *A Lógica das Ciências Sociais*. 3. ed. Trad. Estevão de Rezende Martins. Rio de Janeiro: Tempo Brasileiro, 2004, p. 39; Robert Axelrod. *A Evolução da Cooperação*, cit., p. 47; Nicholas Rescher. *Epistemology* – An introduction to the theory of knowledge. Albany, State University of New York Press, 2003, p. 69; António R. Damásio. *E o Cérebro criou o Homem*. Trad. Laura Teixeira Motta. São Paulo: Companhia das Letras, 2011, p. 48.
17. Nicholas Rescher. *Epistemology*..., cit., p. 69-73; Matt Ridley. *The Rational Optimist: how prosperity evolves*. New York: Harper Collins, 2010, p. 5.

no entanto, se tocam por conduzirem à conclusão de que, se tudo é falso ou tudo pode ser verdadeiro, todos os discursos são igualmente legítimos. Na verdade, por mais imperfeitos que sejam os sentidos e a impressão da realidade que construímos a partir deles, e apesar de todas as interferências que esse processo de construção da realidade sofre, foi com eles que nossos antepassados conseguiram sobreviver, pelo que a imagem do mundo que nos é dada por eles pode ser imperfeita, mas não é tão distorcida assim, nem tais imperfeições significam que a realidade objetiva não exista, ou exista de forma ontologicamente distinta para cada um de nós.[18]

Essas reflexões permitem, ainda, que se retome o debate entre positivistas e não positivistas, por óticas diversas das exploradas até o momento. Afinal, a biologia tem mostrado que os sentimentos de justiça e equidade, ainda que em forma bastante primitiva, são comuns a vários animais, tendo sido moldados pelo processo de seleção natural, o que afasta a ideia de um direito natural sancionado pelos deuses,[19] ou decorrente de uma razão exclusivamente *humana*, mas por igual repele a compreensão de que os sentimentos morais são inteiramente subjetivos e variáveis, impossíveis de cognição pela ciência e, nessa condição, necessários de serem afastados do debate científico.

A biologia, como se vê, pode auxiliar de maneira notável na construção de teorias destinadas a explicar o surgimento e o funcionamento de figuras como a mente humana, a racionalidade,[20] a cognição,[21] os sentimentos morais e o Direito. Será ela, portanto, não raro empregada para o enfrentamento, a ser feito neste livro, de noções básicas de Epistemologia Jurídica.

18. Diego Marconi. *Per la Verità. Relativismo e filosofia*. Turim: Einaudi, 2007, p. 44; Michele Taruffo. *La semplice Verità*. Il giudice e la costruzione dei fatti. Roma: Laterza, 2009, p. 79-81.
19. Frans de Waal. *The Bonobo and the Atheist*: in search of humanism among the primates. New York: W. W. Norton & Company, 2013, passim.
20. Robert Nozick. *Invariances* – The structure of the objective world. Massachusetts/London: Harvard University Press, 2001, p. 299.
21. Humberto Maturana e Francisco Varela. *A árvore do conhecimento*: as bases biológicas do entendimento humano. Trad. Jonas Pereira dos Santos. Campinas: SP, Psy II, 1995, passim.

1.2 INSTINTO

Não existem divisões estanques na natureza.[22] São os sujeitos cognoscentes, aqueles que procuram entender ou conhecer a realidade, que nela traçam divisões, as quais sempre têm algo de arbitrário.[23] Dito isto, é possível iniciar a abordagem do *instinto*, assim entendidos os processos inconscientes e automáticos por meio dos quais os seres vivos se conduzem e reagem diante do meio que os circunda.

Caso se dê à palavra *instinto* sentido mais abrangente, com ela se abarcam até mesmo os mecanismos por meio dos quais as células se conduzem e se dividem, ou os vegetais com suas folhas procuram a luz solar e com suas raízes dirigem-se para onde existe água no solo. Mas, se se recordar da ausência de divisões estanques na realidade, que se modifica, no tempo e no espaço, sempre de forma *gradual*, verificar-se-á que há processos mais sofisticados, intermediados por células nervosas, os quais, todavia, também são geneticamente determinados e não conscientes. É o caso dos movimentos feitos por muitos dos nossos órgãos internos, dos batimentos cardíacos etc., e, ainda, do medo que certos seres vivos têm de seus predadores, mesmo sem nunca ter tido qualquer forma de contato com eles antes. Ratos criados ao longo de inúmeras gerações em laboratórios, por exemplo, que jamais estiveram diante de serpentes, apavoram-se quando postos à frente de uma, o que tem explicação evolutiva,[24] e pode da mesma forma ser designado pela palavra *instinto*. Trata-se de um conhecimento *a priori* para aquele indivíduo, pois não é um produto

---

22. "Natura non facit saltum" é expressão em latim usada por vários estudiosos para designar o caráter fluído e contínuo da natureza e suas variações. É o caso de Charles Darwin, que a emprega em diversas passagens de *A Origem das Espécies*, inclusive e principalmente ao tratar do instinto (Charles Darwin. *The Origin of Species by Means of Natural Selection; or the preservation of favored races in the struggle for life*. 6. ed. The Project Gutenberg Ebook, 2009, Cap. VII).
23. Cf., v.g., Stewart Shapiro. *Vagueness in Context*. Oxford: Claredon Press, 2006, p. 196 e ss.
24. Cf. Charles Darwin. *The Origin of Species by Means of Natural Selection; or the preservation of favored races in the struggle for life*. 6. ed. The Project Gutenberg Ebook, 2009, Cap. VII, que inclusive destaca o fato de animais que vivem em ilhas isoladas, e que por isso *jamais* seus antepassados tiveram contato com o homem, não terem medo de seres humanos, algo que não ocorre com aqueles situados em áreas habitadas por humanos. Sobre o tema, veja-se, ainda Michael S. Gazzaniga. *Who's in charge?* Free will and the science of the brain. New York: Harper Collins, 2011, p. 43-44 e 51.

dos seus sentidos, embora possa ser, de algum modo, produto dos sentidos de seus antepassados mais remotos,[25] o que mostra ausência de estanqueidade na própria distinção entre conhecimentos *a priori* e conhecimentos decorrentes dos sentidos.

Há alguns comportamentos, porém, que, conquanto também não sejam conscientes, não são inteiramente moldados por fatores genéticos e apriorísticos, havendo em sua gênese, por igual, influência cultural e de experiências anteriores do próprio indivíduo que os adota. É o que se conhece por *intuição*, figura intermediária entre o instinto e a razão,[26] a demonstrar uma vez mais a ausência de divisões estanques a que se fez alusão há alguns parágrafos.

A esse respeito, merece referência a metáfora segundo a qual o cérebro humano teria duas formas de trabalhar, semelhantes às que determinam os ajustes de uma máquina fotográfica relativamente a fatores como foco, luminosidade etc. Uma, automática, e outra, manual. A principal característica da forma automática, que Daniel Kahneman[27] intitula "sistema 1", seria a rapidez e a eficiência, mas ela seria limitada às situações que moldaram a sua respectiva programação, não possuindo qualquer flexibilidade diante de situações novas e inesperadas.[28] A forma manual, ou "sistema 2", por sua vez, embora

---

25. Por isso, V. S. Ramachandran vê com muita reserva a distinção entre o que seria "causado por fatores genéticos" e o que seria "determinado pelo meio", sendo certo que os próprios fatores genéticos são, de certa forma, determinados pelo meio em que viveram os nossos antepassados, que selecionou alguns fatores e outros não. A verdadeira questão reside em saber como tais fatores interagem para formar o produto final. V. S. Ramachandran. *The Tell-Tale Brain.* A neuroscientist's quest for what makes us human. New York: WW Norton & Company, 2011, p. 170.
26. Interessante notar que já em "A Origem das Espécies" Darwin cuida do instinto e reconhece algumas semelhanças entre ele e o que chamou de *hábito*, algo que se assemelha ao que Daniel Kahneman batiza de comportamento guiado pelo "sistema 1", assim entendido aquele intuitivo ou não consciente. Veja-se Charles Darwin. *The Origin of Species by Means of Natural Selection*..., cit., Cap. VII.
27. Confira-se, a esse respeito, Daniel Kahneman. *Thinking, Fast and Slow*. New York: Farrar, Straus and Giroux, 2011, passim; Joshua Greene. *Moral Tribes*, cit., passim.
28. A respeito da rigidez do comportamento instintivo, Pontes de Miranda observa que instinto "já nos aparece *feito*, fixado, rígido. Ligado a interesses graves da espécie, nunca é fútil, – sempre é útil, preciso, por bem dizer sonambúlico, quanto ao seu objetivo. O 'animal' a que serve o adquiriu, mas o animal tal qual o conhecemos sobrevive graças a ele e de certo modo foi feito por ele: as duas longas evoluções formativas, a do animal e a do instinto, estão demasiado associadas, solidárias, para que possamos dissociá-las e conhecer a gênese do instinto" (Pontes de Miranda. *O Problema fundamental do conhecimento*, cit., p. 19).

mais lenta e trabalhosa, a exigir maior esforço cognitivo, seria mais precisa e flexível, ou adaptável, capaz assim de lidar com situações novas, estando presente apenas em alguns mamíferos, de forma um tanto rudimentar, e, de forma mais completa, em seres humanos, sendo ferramenta da qual estes foram providos pelo processo de seleção natural por lhes franquear maiores chances de sobrevivência e reprodução. Instinto e intuição seriam a forma automática de os seres vivos lidarem com a realidade. A razão, por sua vez, corresponde ao modo manual, sendo conveniente lembrar, uma vez mais, o caráter gradual e relativo da própria distinção entre instinto, intuição e razão, ou entre inconsciente, subconsciente e consciente.

No que mais de perto interessa ao estudo do Direito, note-se que instinto e intuição conferem ao ser humano uma série de reações emotivas ou sentimentos morais, ligados à compaixão, ao altruísmo e à solidariedade. Aliás, não só ao ser humano, sendo esses sentimentos verificáveis em muitos outros animais, notadamente símios, mas também em cães, lobos e golfinhos.[29] É por isso que, muitas vezes, *intuímos* ou *sentimos* que algo é errado ou injusto, ou temos emoções de aprovação ou de repulsa diante de certos atos, antes mesmo de pensarmos em *razões* que eventualmente fundamentem esses sentimentos. Voltar-se-á a esse ponto mais adiante, sendo importante registrar, por enquanto, que o modo "manual" do ser humano (razão) pode ser um importante instrumento para identificar e adaptar ou corrigir eventuais imperfeições de resultados ou ações oriundas do modo "automático", o que é importante diante de situações para as quais esse modo automático não está preparado para atuar, como é o caso dos conflitos entre indivíduos de diferentes grupos, que partilham de diferentes costumes morais.

1.3 COGNIÇÃO, LINGUAGEM E RACIONALIDADE

A convivência em *grupos* confere melhores condições de sobrevivência aos indivíduos que os integram, que passam a estar em situação de vantagem em relação àqueles que vivem isolados. Em função, dentre outras coisas, da divisão de trabalho, o agrupamento

29. Frans de Waal. *Good Natured*..., cit., passim.

permite uma maior eficiência no desempenho de inúmeras tarefas, favorecendo os membros do grupo na obtenção de alimento, na proteção contra possíveis predadores etc.

Para que haja a formação do grupo e a adequada divisão de tarefas, porém, é preciso que os membros do grupo *cooperem* entre si. Em razão disso, vale dizer, da melhor condição de sobrevivência dos que cooperam entre si para a formação de um grupo, mecanismos destinados a viabilizar essa cooperação foram naturalmente selecionados.

Pense-se, por exemplo, em mamíferos que *dividem o produto de uma caça* entre os que ajudaram em sua captura, na proporção dessa ajuda, não admitindo partilhá-la com aqueles que não contribuíram.[30] Esse é um mecanismo comum na natureza e responsável pela formação de grupos extremamente eficientes na obtenção de alimento, mas, para que ele funcione, características cognitivas destinadas a que um animal identifique os outros, e memorize a ação de cada um na empreitada, são fundamentais. É natural, portanto, que tenham sido selecionados ao longo do processo evolutivo.

Estão relacionados, portanto, na escala evolutiva, cérebros mais complexos e as funções desempenhadas por eles, pois foram estas que levaram ao seu gradual surgimento, na medida em que conduziram à seleção natural daqueles seres que melhor as desempenhavam.

Fundamental, nesse contexto, foi o surgimento dos chamados *neurônios-espelho*, assim entendidos aqueles que possibilitam ao indivíduo que os possui experimentar sensações tanto ao vivenciar uma experiência como ao observar um terceiro vivenciando essa mesma experiência, permitindo-lhe assim colocar-se no lugar deste. Esses neurônios tornam possível o indivíduo enxergar os demais como indivíduos que também experimentam as mesmas sensações que ele pode ter. Quando vemos alguém ter o braço espetado por uma agulha, e automaticamente retraímos – ou temos vontade de retrair – o nosso próprio braço, até inconscientemente, isso se dá por conta do funcionamento dos tais neurônios-espelho. O mesmo acontece quando se observa alguém colocar um suculento e verdís-

30. Idem, ibidem, p. 141.

simo pedaço de limão na boca e contrair a face em razão do sabor excessivamente ácido dessa fruta.

Os neurônios-espelho fazem com que o indivíduo que os possui possa compreender os demais como seres que também pensam e sentem. E mais: permitem imaginar, ou supor, em face das circunstâncias, o que esse outro ser está pensando ou sentindo. Faz-se possível, ainda, que o ser humano atribua aos outros seres humanos *intenções*, imaginando o que estão "querendo dizer" com atos, gestos, ou mesmo expressões faciais. É certo que não são *apenas* os neurônios-espelho que permitem isso, sozinhos,[31] até porque outros animais, como alguns primatas, também os têm, desenvolvendo certo grau de empatia e de sentimentos morais, mas ainda sem a capacidade de desenvolver uma autêntica "teoria da mente", assim entendida uma compreensão mais ampla do que os demais animais, com os quais convivem, intencionam fazer. Mas, embora seu papel possa não ser tão determinante como inicialmente se supunha,[32] o certo é que os neurônios-espelho são a base à qual, no ser humano, somou-se uma maior capacidade neurológica para permitir uma avançada compreensão a respeito do que se passa dentro de outras mentes e das intenções de outros indivíduos.[33] Afinal, é a partir do conhecimento sensorial e motor, em parte gerado pelo funcionamento dos neurônios-espelho, que se constrói um conhecimento gradualmente mais abstrato e conceitual, possível em razão da atuação de outras áreas do cérebro humano.

Esse contexto permite, como já mencionado, ao ser humano criar *realidades institucionais*, assim entendidas aquelas que somente existem na medida em que sua existência é pactuada consensualmen-

---

31. O branco dos olhos dos seres humanos, na mesma ordem de ideias, embora tenha custos biológicos elevadíssimos, foi selecionado naturalmente por permitir ao ser humano *saber para onde os outros estão olhando*, incrementando assim essa "teoria da mente" por meio da qual uma pessoa pode não só supor o que o outro pensa, mas imaginar o que pode estar pensando. Cf. Brian Christian. *O humano mais humano*: o que a inteligência artificial nos ensina sobre a vida. Trad. Laura Teixeira Mota. São Paulo: Companhia das Letras, 2013, p. 60.
32. Gregory Hickok. *The Myth of Mirror Neurons*. The real neuroscience of communication and cognition. New York: W. W. Norton & Company, 2014.
33. Matthew D. Lieberman, *Social...*, cit. É essa compreensão, sobretudo, que falta às máquinas, tornando difícil tarefas como a de traduzir textos ou de corrigir a ortografia automaticamente de mensagens escritas em telefones celulares. Cf. Brian Christian. *O humano mais humano*: o que a inteligência artificial nos ensina sobre a vida. Trad. Laura Teixeira Mota. São Paulo: Companhia das Letras, 2013.

te entre os membros de um grupo, que criam as regras constitutivas dessas realidades. É o caso, por exemplo, do dinheiro. Embora uma cédula de cem reais tenha existência física – o papel e o material usado em sua impressão –, ela não é meramente esse suporte físico. Esse suporte físico *vale como* cem reais, na sociedade brasileira, porque existem regras constitutivas que dão a esse pedaço de papel esse significado ou, de forma mais precisa, que levam as pessoas a darem a esse pedaço de papel esse significado.[34] O mesmo pode ser dito de um pênalti, por exemplo, e de linguagens artificiais, assim entendidas aquelas nas quais o significado dos signos utilizados é puramente convencional (diferenciando-se, por exemplo, de linguagens como a "corporal", tão bem dominada por alguns animais não humanos, como os cães).

A distinção entre *fatos brutos*, assim entendidos aqueles que existem independentemente de um sujeito que os observe e lhes atribua sentido, como um trovão ou as nuvens no céu, e *fatos institucionais*, denominação daqueles que somente existem na medida em que essa existência é pactuada entre sujeitos pensantes, como o dinheiro, o Direito ou qualquer outra realidade que seja, a rigor, o *sentido* atribuído a alguma coisa em face de convenções prévias, corresponde, em alguma medida, à teoria dos três mundos de Karl Popper.[35] Popper afirma que há um "mundo 1", composto das realidades físicas que existem independentemente de um sujeito que as observe. É o caso da areia da praia, dos planetas, das estrelas, do mar. Existe, porém, o "mundo 2", que é formado pelos processos mentais havidos no interior do cérebro de um sujeito pensante. E, finalmente, existe o "mundo 3", integrado pelo *produto dos pensamentos,* quando estes se tornam independentes dos sujeitos que os pensaram. Quando um compositor pensa em uma nova sinfonia, ela faz parte apenas de seu "mundo 2". Ao escrevê-la em uma partitura, tornando-a acessível a outras mentes, o músico a insere no "mundo 3", dando-lhe uma existência autônoma em relação ao seu criador. Veja-se, por exemplo, a 9ª Sinfonia de Beethoven, que subsistiu mesmo depois do compo-

34. Raquel Cavalcanti Ramos Machado. *Competência Tributária.* Entre a rigidez do sistema e a atualização interpretativa. São Paulo: Malheiros Editores, 2014, p. 227.
35. Karl Popper, *A Vida é Aprendizagem* – Epistemologia evolutiva e sociedade aberta. Trad. Paula Taipas. São Paulo: Edições 70, 2001, p. 43 e ss.

sitor, e subsiste mesmo que se rasgue este ou aquele pedaço de papel no qual ela está transcrita, ou se quebre este ou aquele dispositivo eletrônico no qual esteja gravada. Sua existência hoje independe do cérebro que a criou ("mundo 2"), e de um suporte físico no qual esteja gravada ("mundo 1").[36]

É curioso notar que os fatos institucionais (Searle), ou as realidades do "mundo 3" (Popper), permitem o surgimento da linguagem humana[37] e, com ela, o aprimoramento ou o incomparável aumento da complexidade do próprio "mundo 3" ou das próprias realidades institucionais, assim usadas em estratos ou camadas para que, com elas, se construam outras realidades institucionais ainda mais sofisticadas. Isso confirma a inexistência de transição abrupta entre o mundo "irracional" e o mundo "racional", ou entre um mundo no qual as coisas não têm sentido (mundo 1, ou mundo de fatos brutos) e o mundo da cultura, ou da linguagem, formado pelo sentido que se atribui às coisas (mundo 3, ou mundo de realidades institucionais).[38] Aliás, não existe transição abrupta em nenhuma parcela da realidade, salvo, talvez, entre algumas daquelas que são puras figuras ideais, pertencendo apenas ao "mundo 3", como é o caso das formas geométricas ou dos números primos.[39] Talvez à ex-

36. Pode-se suscitar questionamento ligado à autonomia do "mundo 3", caso todos os seres pensantes venham a desaparecer, ou, na hipótese de uma parcela específica desse mundo – p. ex., uma música –, se todos os suportes físicos nos quais ela esteja gravada venham a desaparecer. Nesse caso, talvez seja o próprio "mundo 3", ou a própria música, que desapareça, a demonstrar a natureza relativa de sua autonomia. Porém, há algumas parcelas dele que talvez subsistam mesmo ao desaparecimento de todos os seres pensantes, dependendo, talvez, apenas de que surjam outros, no futuro, que possam acessar esse mundo, que continuaria intacto. É o caso dos números, e dos números primos, por exemplo, que não desapareceriam, nem deixariam de ser primos, mesmo que toda a humanidade perecesse. O surgimento de outros seres racionais, na Terra ou em qualquer outra parte do universo, daria a tais seres acesso, novamente, ao mundo 3, e à realidade dos números primos. Veja-se, a propósito, Karl Popper. *Em busca de um mundo melhor*. Trad. Milton Camargo Mota. São Paulo:, Martins Fontes, 2006, p. 41.

37. Para uma explicação mais detalhada da relação entre neurônios-espelho e linguagem verbal humana, remete-se o leitor para Armando Freitas da Rocha e Fábio Theoto da Rocha. *Neuroeconomia e processo decisório*: de que maneira o seu cérebro toma decisões. Rio de Janeiro: LTC, 2011, p. 39.

38. Hugo de Brito Machado Segundo. Epistemologia falibilista e Teoria do Direito. *Revista do Instituto do Direito Brasileiro*. v. 1-2014/209. Lisboa: Universidade de Lisboa, 2014.

39. Um número é primo, ou não é, não havendo, nesse caso, zona de penumbra entre uns e outros. Veja-se Kees van Deemter, *Not Exactly. In Praise of vagueness*, Oxford, Oxford University Press, 2010, p. 117.

ceção destas, todas as distinções são graduais, compostas de grandes zonas de transição. É o que ocorre entre as espécies animais, entre os tipos de clima e de vegetação, entre os idiomas e os sotaques etc. Basta observar a realidade para perceber que ela não é formada de zonas pretas e brancas, mas de incontáveis variações de tonalidades das mais diversas cores.

No caso da distinção entre "mundo 1" e "mundo 3", que de algum modo, como dito, corresponde à distinção entre "fatos brutos" e "fatos institucionais", também não há distinção abrupta, mas uma gradual zona de transição, até porque o ser humano sequer tem acesso direto ao mundo 1, ou às realidades brutas, "tal como são".[40] E isso se dá por uma série de razões. A primeira delas, já indicada anteriormente, consiste na imperfeição ou na limitação dos sentidos, que fornecem ao cérebro impressões limitadas da realidade circundante, apenas suficientes para permitir a sobrevivência do animal que os possui (ou, mais propriamente, de seus antepassados).[41] Outra importante razão consiste na própria localização, no tempo e no espaço, de quem pretende conhecer a realidade, que lhe propiciará uma imagem dessa realidade *a partir* dessa posição. Há, porém, dado não menos importante, que não pode ser desprezado, consistente na própria fluidez da linha divisória entre "fatos brutos" e "fatos institucionais", ou entre os "fatos" e o sentido que atribuímos a eles. Como nota Popper, não existe "uma observação não interpretada", sendo nossos olhos e ouvidos já fruto de uma "teoria", forjada pela seleção natural,[42] que inclusive programou certas "interpretações" inatas a serem atribuídas a determinados "fatos brutos".[43] É o que explica, por exemplo, o fato, já comentado, de animais criados em laboratório terem pavor de predadores antes jamais vistos.

40. Ou, para usar uma terminologia cunhada por Pontes de Miranda, ao mundo de "-jetos", assim entendido "o que seria o fato sem nós; *v.g.*, se os homens, como os mamutes, desaparecessem da face da terra" (Pontes de Miranda. *O Problema Fundamental do Conhecimento*, cit., p. 85).
41. Como lembra Nicholas Rescher, sabemos que nossos sentidos nos enganam às vezes, mas confiamos neles até que nos convençamos do contrário. Cf. Nicholas Rescher, *Epistemology...*, cit., p. 83.
42. Karl Popper. *O Mito do Contexto*: em defesa da ciência e da racionalidade. Trad. Paula Taipas: Lisboa, Edições 70, 2009, p. 108.
43. Robert Nozick. *Invariances...*, cit., p. 108.

A própria seleção natural, portanto, faz com que animais – e não só os animais humanos – atribuam sentido a certos objetos ou fatos, reforçando a ideia de Popper de que não existem observações não interpretadas, e confirmando a ideia de inacessibilidade do "mundo 1" ou dos "fatos brutos" em sua pureza. O que existem são graus de institucionalização, ou de atribuição de sentido às coisas, sendo relevante notar que os mais primitivos desses graus não são exclusivamente humanos.

Por isso mesmo, é preciso cautela com a ideia de que a linguagem seria algo tipicamente humano. Para se aferir o acerto dessa afirmação, é preciso definir-se primeiro o que se entende por linguagem, e por interpretação, palavras em torno das quais se estabelecem grandes controvérsias, muitas das quais seriam evitadas se primeiro se esclarecesse o sentido em que são empregadas.

Se se entende por interpretação o processo de atribuição de sentido a segmentos da realidade, ou à "facticidade" como um todo (e não só a "textos"[44]), sendo a linguagem a forma pela qual essa realidade é compreendida (ou mesmo *re*construída mentalmente) e afirmações em torno dela são constituídas, transmitidas e armazenadas, pode-se dizer que o ser humano a tudo interpreta, desde quando acorda até o momento em que perde a consciência, temporária ou permanentemente, com o sono ou a morte. Mas, nesse caso, não se trata de algo privativo do ser humano, sendo certo que também os animais o fazem, em maior ou menor grau. Cães, por exemplo, são bastante habilidosos no uso da linguagem corporal, atribuindo sentido a gestos e a sons e fazendo extenso uso disso em sua convivência com outros cachorros e com os seres humanos.

Há sentidos que podem ser tidos como "naturais", não dependendo de nenhuma convenção prévia que os atribua a determinados objetos ou situações. É o caso de determinadas expressões faciais, às quais instintivamente se associa a agressividade ou a descontração, a receptividade ou a rejeição, por exemplo; ou, para usar de situação ainda mais "natural", dentro da ideia de que a distinção

44. Para uma compreensão da hermenêutica como adstrita a textos, comparada a uma compreensão mais ampla, de uma hermenêutica de toda a facticidade, confira-se: Jean Grondin. *Hermenêutica*. Trad. Marcos Marcionilo. São Paulo: Parábola, 2012, p. 40.

entre realidades brutas e institucionais é gradativa, pode ser o caso de lembrar da trovoada e das nuvens carregadas, que se interpretam como significando uma chuva iminente. Mas, por outro lado, há sentidos puramente institucionais, criados ou convencionados. É o caso das letras e das palavras,[45] por exemplo, ou de um código, como o "Morse". Nesse caso, tem-se uma linguagem puramente institucional, decorrente da convenção de seres racionais que combinam que, entre eles, determinado signo terá sentido "x". Nessa segunda acepção, interpretação e linguagem talvez sejam privativas, até onde se sabe, de seres humanos, embora alguns primatas superiores – e computadores – comecem a aparecer também como exceções.[46]

Isso mostra que, como tem sido dito insistentemente aqui, a distinção entre fatos brutos e fatos institucionais é gradual, e não estanque. Em um grau mais elevado de institucionalização, pode-se dizer que apenas os seres humanos constituem e acessam tais realidades, o que explica a existência, entre estes, de processos significativamente mais complexos de comunicação e de disciplinamento de condutas, mas não exclui a verificação, em formas mais rudimentares, de estruturas análogas em alguns outros agrupamentos animais.

Breve observação de algumas práticas cotidianas mostra, de fato, o quanto é equivocada a pretensão de estabelecer uma distinção estanque e absoluta entre seres humanos, de um lado, e animais, de outro. Inclusive no que tange ao livre arbítrio e à possibilidade de responsabilização. Não faria o menor sentido, por exemplo, punir uma pedra por haver caído sobre os pés de alguém, machucando-os. Admite-se, contudo, punir um ser humano que voluntariamente agride e causa lesões em outro. O mesmo não ocorre se tais lesões são fruto de movimentos involuntários de um ser humano que atinge outro durante uma convulsão causada por um ataque de epilepsia. Mas, a demonstrar o caráter gradual de tais distinções, cotidianamente pessoas "punem" cães domésticos quando estes não se comportam

45. Com exceção das onomatopeias, que confirmam a fluidez e a graduação das distinções a que se fez referência. No próprio surgimento da linguagem humana há por certo uma transição entre sentidos naturais e sentidos convencionais, sendo os primeiros gradualmente transformados de modo a originar os segundos.

46. Como aponta Brian Christian, estudos com primatas e a evolução da inteligência artificial parecem tornar mais restrito o campo do que define o "exclusivamente humano". Brian Christian. *O Humano mais Humano...*, cit., p. 27.

como elas orientam, punição que não parece igualmente razoável em se tratando de um peixe ornamental.

Em suma, o ser humano é capaz de criar realidades institucionais e de compreendê-las em um grau que nenhum outro animal consegue atingir. Por isso, embora partilhe com alguns desses animais sentimentos morais semelhantes, conseguiu constituir estruturas normativas capazes de disciplinar condutas em relações intersubjetivas, de forma mais ou menos convergente com tais sentimentos, estruturas às quais se convencionou rotular com a palavra "Direito".

1.4 SER HUMANO, VALORES MORAIS E DIREITO

O processo de seleção natural, como já acenado, dotou diversos mamíferos, notadamente os seres humanos, de *sentimentos morais*, os quais são mecanismos necessários à formação de grupos de indivíduos que cooperam entre si. Indivíduos que cooperam têm maiores chances de sobreviver que indivíduos isolados, razão pela qual comportamentos altruístas foram naturalmente selecionados. Tais comportamentos podem ser observados em diversos tipos de animais, inclusive aves, ou mesmo insetos. No caso de humanos, porém, pode-se cogitar não apenas de um altruísmo biológico, o qual geraria instintos altruístas inclusive em seres desprovidos de consciência, mas de um altruísmo psicológico, motivado por um sincero sentimento de altruísmo.[47]

47. O altruísmo psicológico muito provavelmente é por igual uma criação do processo seletivo, para incrementar a cooperação, levando o indivíduo que o experimenta a cometer atos biologicamente altruístas. Não se deve, porém, confundir motivação psicológica com motivação biológica, não sendo essa explicação biológica algo que retire a nobreza do sentimento em questão, mas apenas a explicação de sua origem. O prazer sexual, por exemplo, existe para incrementar as chances de reprodução dos indivíduos que o experimentam – antepassados que não sentiam prazer no ato não deixaram descendência. Mas isso não quer dizer que as pessoas realizem o ato sexual com a finalidade de reprodução. Em muitos casos, essa finalidade é conscientemente repelida, o que motiva inclusive o uso de métodos contraceptivos. O mesmo pode ser dito da motivação biológica para o altruísmo (a maior chance de sobrevivência do grupo e, por conseguinte, do próprio altruísta), que não significa a ausência de motivações psicológicas sinceramente altruístas. Veja-se, a propósito, Justin Garson. *The Biological Mind. A philosophical introduction*. New York: Routledge, 2015, p. 39 e ss.

A questão é que se um ser vivo não tiver preocupações também com a própria sobrevivência, e em proteger-se de aproveitadores de seu altruísmo, não deixará descendência. Um grupo de indivíduos cooperativos pode ser rapidamente destruído caso surjam, dentro dele, indivíduos egoístas, não cooperativos, que se aproveitem dos demais, não oferecendo nada em troca. É o que em economia se costuma designar por *free rider*, ou carona, conceito ao qual já se fez alusão em itens anteriores deste livro.

Partindo de noções colhidas da teoria dos jogos, sabe-se que, em situações assim, a estratégia mais bem-sucedida, na determinação da sobrevivência dos membros de um grupo cooperativo, é a da cooperação em um primeiro momento, seguida da retaliação caso não haja reciprocidade. Se, em uma primeira interação, "A" coopera com "B", mas este se aproveita de "A" e nada lhe dá em troca ou lhe agride, em uma interação futura "A" não mais cooperará com "B". Caso, porém, na referida primeira interação, "B" também cooperar com "A", "A" cooperará com "B" em interações futuras, com grande proveito para ambos.

Um exemplo simples poderá ilustrar o que se está a dizer aqui. Imagine-se que Josefa, precisando de açúcar, bate à porta de Francisca, sua vizinha, para pedir um pouco emprestado, a qual gentilmente lhe fornece o ingrediente solicitado. Algum tempo depois, é Francisca quem se vê em apuros, diante da falta de pó de café constatada em sua dispensa, o que a leva a recorrer a Josefa para suprir emergencialmente a carência. Caso Josefa seja rude e não se disponha a emprestar o café, Francisca se sentirá explorada, e nunca mais emprestará nada para a vizinha. Mas se, diversamente, o café for pronta e gentilmente fornecido, estabelecer-se-á elo de cooperação entre as duas, que acreditarão poder contar uma com a outra em caso de necessidade.[48]

É inegável, porém, que, para funcionar, essa estratégia pressupõe que os indivíduos participem de várias interações seguidas.[49] Só

48. Essa sistemática foi experimentada até mesmo em programas de computador, desenvolvidos especificamente para participarem de torneios de "teoria dos jogos" destinados a aferir quais as estratégias mais bem-sucedidas de cooperação. Confira-se Robert Axelrod. *A Evolução da Cooperação*, cit., passim.

49. Talvez por isso alguns turistas menos educados, imaginando que "nunca mais vão voltar" ao lugar que estão a visitar, onde ninguém os conhece, têm condutas lastimáveis, fazendo coisas que jamais fariam no ambiente onde habitualmente vivem.

assim aquele traído em uma primeira interação poderia retaliar em uma segunda, servindo o receio da retaliação recíproca como um fator destinado a contribuir para que haja cooperação recíproca. Haverá maior efetividade na sistemática, outrossim, se os indivíduos forem capazes de lembrar de interações anteriores das quais participaram, identificando aqueles que cooperaram e os que não cooperaram. Assumem importância figuras como a *reputação* e a *confiança*.

Foi justamente para incrementar essa cooperação que se selecionaram naturalmente mecanismos que permitem aos indivíduos identificarem uns aos outros, lembrarem os que cooperaram e os que não cooperaram, tentarem identificar traços que indiquem confiabilidade, e mais: estabelecerem mecanismos de premiação e punição para o caso de não cooperação, os quais se destinam a funcionar mesmo quando as interações futuras não se verificam entre o traidor e o traído. Voltando ao exemplo das vizinhas, a fofoca entre elas pode fazer com que várias outras deixem de emprestar coisas a Josefa, que ganhará a fama de alguém que sempre pede ajuda mas nunca está disposta a ajudar.

Talvez esteja aí, como já salientado, a explicação evolutiva para o surgimento dos sentimentos morais. Da mesma forma como prazer e dor orientam as criaturas a comportamentos que favorecem um bem-estar físico, necessário à sobrevivência, desenvolveram-se também mecanismos emocionais ou sentimentais de premiação e punição para comportamentos ou situações que favorecem a coesão do grupo, ou o bem-estar social. Comportamentos altruístas geram sentimentos agradáveis, enquanto comportamentos destrutivos da coesão social são vistos como repugnantes, tanto por parte de quem os assiste como por quem os pratica (que pode experimentar satisfação em ajudar, ou sentimento de culpa ou remorso por não cooperar). Não à toa usam-se expressões semelhantes ou iguais, para designar o sentimento diante de uma comida estragada ou de uma conduta moralmente condenável, por exemplo, até porque são as mesmas regiões do cérebro que muitas vezes estão envolvidas nos processos de dor física e de sofrimento decorrente de insucessos no âmbito das interações sociais.[50]

---

50. Matthew D. Lieberman. *Social*..., cit., p. 86.

A foto a seguir é bastante ilustrativa disso que se está aqui a afirmar. O chimpanzé maior, de nome "Yeroen", era o "macho alfa" de sua comunidade, posição obtida em face de sua força, sua habilidade em resolver conflitos havidos entre os demais membros da comunidade, dentre outras qualidades que o faziam credor desse reconhecimento por parte de seus semelhantes. Com o passar do tempo, e com o seu natural envelhecimento, essa sua posição foi ameaçada por outro macho, mais jovem, que terminou por vencê-lo em uma batalha. Logo depois de ser derrotado na batalha e destituído de seu posto de macho alfa, Yeroen aparentava estar bastante triste, sendo rapidamente consolado pelo chimpanzé menor, que espontaneamente procurou confortá-lo com gesto universal também entre os humanos:

© Frans de Waal[51]

Isso não quer dizer, naturalmente, que os seres humanos sejam sempre e necessariamente altruístas e solidários, ou mesmo que os demais mamíferos nos quais se manifestam sentimentos morais não sejam igualmente capazes de atos agressivos, destrutivos e egoístas. Seria ingênuo defender isso. Competição e cooperação estão sempre presentes e têm seu papel no processo de sobrevivência e reprodução. A teoria dos jogos demonstra que a estratégia mais adequada nos jogos de soma não zero é exatamente a de cooperar em um primeiro momento, mas saber punir ou retaliar no caso de falta de reciprocidade nessa cooperação, ações para as quais a existência

51. Fonte: Frans de Waal. *Good Natured...*, cit., p. 89, foto de autoria do próprio Waal. Imagens assim, que retratam situações comuns entre algumas espécies de animais, revelam o quanto sentimentos como solidariedade e preocupação com o outro não são exclusivamente humanos.

apenas de sentimentos altruístas não seria capaz de contribuir. Mas é inegável que, em todos os tempos e em todas as culturas, observam-se comportamentos altruístas e solidários, que são mais antigos que as religiões, e que a própria racionalidade, deitando por terra fundamentos tradicionalmente apontados para a moralidade. Há, por certo, outros sentimentos e emoções que também impelem o ser humano e influenciam seu comportamento, mas parece razoavelmente demonstrado, entre biólogos e neurocientistas, que os sentimentos morais têm origem darwiniana, não sendo tão abstratos ou metafísicos como se pretende no âmbito de algumas correntes jusnaturalistas. Mesmo se se aceitar premissa epistemológica positivista, portanto, eles podem ser estudados "cientificamente",[52] assunto ao qual se retornará adiante.

Essas descobertas, porém, não deixam de conduzir a conclusões paradoxais. De um lado, é preciso reconhecer que, havendo também emoções e sentimentos que foram igualmente selecionados naturalmente, como a agressividade e o egoísmo, continua pertinente o alerta de David Hume a respeito da "falácia naturalista".[53] Não é porque as coisas são de determinada forma que devemos defender, necessariamente, que elas devem ser dessa forma, e não de outra. A natureza nos mostra como as coisas são, não como elas devem ser.[54] Os mesmos sentimentos morais que impelem o ser humano a ser solidário com quem é visto como seu semelhante podem não raro motivar comportamento naturalmente agressivo em relação àqueles considerados como diferentes, seja por que critério for (etnia, cor da pele etc.). É bem provável que a própria mente racional – com a qual nós pensamos em como as coisas deveriam ser, diferentemente do que são – tenha sido, também ela, moldada pelo processo de seleção natural, o que de algum modo termina por toldar a distinção de que se cuida, mas não a inviabiliza. Do contrário, seres humanos, tal como os outros animais,

52. Hugo de Brito Machado Segundo. Direito Natural à luz da biologia e da neurociência. In: José Alcebíades de Oliveira Júnior, Robison Tramontina, André Leonardo Copetti Santos (Org.). *Filosofia do Direito I*. Florianópolis: Conpedi, 2014, v. 1, p. 390-408.

53. David Hume. *Tratado da natureza humana*. 2. ed. Trad. Déborah Danowski. São Paulo: Unesp, 2000, Livro 3, Parte 1, Seção 1, § 27, p. 509.

54. Immanuel Kant. *Critique of Pure Reason*. Trad. Paul Guyer e Allen W. Wood. Cambridge: Cambridge University Press, 1998, p. 137.

ainda seriam hoje rigorosamente como há milhares de anos, mas não são. A cultura, o "mundo 3" ou as "realidades institucionais" permitem ao homem a modificação da natureza e de seus destinos, mantendo aberto e desafiador o alerta de Hume, em face do qual cabe ao ser humano escolher, racionalmente, quais sentimentos alimentar e quais reprimir, buscando fundamentos até certo ponto "não naturais" para isso. O fato de a razão ser, ela própria, fruto desse processo pode gerar um paradoxo, mas ele de resto está presente em todo uso que se faz da razão para alterar aspectos que de outro modo seriam "naturais" ao ser humano, como o uso de perfumes, de remédios etc.

Aliás, isso permite que se afaste, desde logo, outra objeção que poderia ser feita à origem natural aqui apontada para os sentimentos morais, que seria aquela fundada na existência de uma pluralidade de morais, ou de padrões de correção para as condutas, os quais seriam variáveis no tempo e no espaço, a demonstrar a falsidade da aludida origem evolucionária da moral. Retornar-se-á ao tema na parte final deste livro, mas desde logo se pode adiantar um rápido comentário: a existência de um sentimento comum e natural não leva à sua manifestação e ao seu desdobramento da mesma forma, necessariamente, em todos os lugares. Por isso, o simples fato de essa manifestação e esse desdobramento eventualmente se verificarem de forma distinta não é prova da inexistência dos aludidos sentimentos, tampouco demonstração de uma suposta origem não biológica.

O fato de todo ser humano necessitar de certas proteínas ou de certos carboidratos para se nutrir, por força de sua constituição biológica, por exemplo, não impede o nascimento de rica e complexa variedade culinária, do mesmo modo que a natural propensão à comunicação com o uso da linguagem verbalizada não é obstáculo ao surgimento de variados idiomas, expressões idiomáticas, figuras de linguagem, gírias e sotaques. É claro que a cultura, influenciada pelas circunstâncias do local onde ela floresce, é fator importante que leva ao surgimento de maneiras díspares de realizar ou concretizar os ditos sentimentos morais, o que não pode ser desconsiderado, mas isso tampouco autoriza a que se desprezem as ricas contribuições que o estudo de tais raízes biológicas pode fornecer.

1.5 CONHECIMENTO E INTELIGÊNCIA ARTIFICIAL

Não é fácil definir o que se deve entender por inteligência artificial, notadamente por conta da palavra "inteligência", cujos contornos não são de fácil delimitação[55]. Existem incontáveis habilidades bastante diversas, como o conhecimento da realidade circundante, a capacidade de aprender, de cooperar etc., que podem ser definidas como manifestações da inteligência, ou espécies ou modalidades desta. Nessa ordem de ideias, para Houaiss, trata-se da "faculdade de conhecer, compreender e aprender", sendo certo que há inúmeras formas e contextos em que se podem desenvolver tais ações. Na sequência, reforçando a ideia de que a inteligência tem diversas manifestações, aspectos ou nuances, o referido dicionário define a inteligência artificial como sendo o "ramo da informática que visa dotar os computadores da capacidade de simular certos aspectos da inteligência humana, tais como aprender com a experiência, inferir a partir de dados incompletos, tomar decisões em condições de incerteza e compreender a linguagem falada, entre outros."[56]

Percebe-se, nessa definição de Houaiss sobre inteligência artificial, uma particularidade comum a outros ramos do conhecimento: a dubiedade "ciência x objeto". Usa-se a mesma palavra para designar o ramo do conhecimento e o objeto do qual ele se ocupa[57]. De uma forma ou de outra, mesmo aludindo ao produto da atividade do referido ramo da informática, ou ao objeto de suas atenções, a saber, *a aptidão de computadores de aprender com a experiência, inferir a partir de dados incompletos, tomar decisões em condições de incerteza etc.*[58], de logo se percebe que a inteligência artificial não se

---

55. Jerry Kaplan. *Artificial Intelligence*: what everyone need to know. New York: Oxford University Press, 2016, p. 1.
56. Antonio Houaiss; Mauro de Salles Villar; Francisco Manoel de Melo Franco. *Dicionário Houaiss da língua portuguesa*. Rio de Janeiro: Objetiva, 2001, p. 1631.
57. Dá-se o mesmo, v.g., com a palavra "Direito".
58. A ideia de "imitar" uma mente está presente em diversas definições. Margaret Boden, por exemplo, diz que a inteligência artificial "seeks to make computers do the sort of things that minds can do." Margaret A. Boden. *AI:* Its nature and future. Oxford: Oxford University Press. 2016, p. 1. Na mesma ordem de ideias, a Resolução 332/2020, do Conselho Nacional de Justiça, define modelo de inteligência artificial como o "conjunto de dados e algoritmos computacionais, concebidos a partir de modelos matemáticos, cujo objetivo é oferecer resultados inteligentes, associados ou comparáveis a determinados aspectos do pensamento, do saber ou da atividade humana."

confunde, necessariamente, com a consciência. E, por isso mesmo, o ramo da informática que dela se ocupa não tem necessariamente esse objetivo. Aliás, observando-se a natureza, percebe-se algum tipo de inteligência – aprendizado, solução de problemas etc. – em uma vasta gama de seres vivos, mesmo naqueles que, até onde se sabe, não são dotados de consciência. Ter *self awareness* não é indispensável a que se aprenda com a experiência e se resolvam problemas.

A inteligência (qualquer que seja ela), pode ser dividida em *geral ou ampla*, de um lado, e *estreita ou restrita*, de outro[59]. No primeiro caso, tem-se a capacidade de aprender, conhecer, resolver problemas e tomar decisões para que se alcancem vários objetivos diferentes, os quais se podem apresentar aleatoriamente perante um mesmo sujeito ou agente artificial. No segundo, tudo isso se volta apenas à consecução de um objetivo determinado e específico, em apenas uma das diversas e variadas manifestações ou nuances da inteligência vista de modo amplo. Neste segundo tipo, pode-se dizer que existem, já, diversos sistemas inteligentes entre nós. Mas, no primeiro, o grande desafio dos que se ocupam da inteligência artificial, ainda não[60].

Com efeito, a inteligência artificial, pelo menos nos dias de hoje, tende a ser bastante restrita, ou estreita, pois atualmente está presente em sistemas capazes de aprender, tomar decisões e resolver problemas de modo a realizar objetivos muito circunscritos, previamente definidos por seus idealizadores, como apenas a tradução de textos, ou a condução de veículos. O *Deep Blue*, computador da IBM que venceu o campeão de xadrez Garry Kasparov em 1997, por exemplo, era excepcionalmente bom apenas nisso: jogar xadrez[61]. A inteligência humana, comparativamente, tende a ser muitíssimo ampla, pois é capaz de buscar a consecução de uma infinidade de metas diferentes, e, ainda, de definir seus próprios objetivos. Trata-se, por isso, da inteligência mais ampla – até onde se sabe – existente no Universo, em face da qual se pode dizer que este se está autocon-

59. Max Tegmark. *Life 3.0*. Ser-se humano na era da inteligência artificial. Trad. João Van Zeller. Alfragide: Dom Quixote, 2019, p. 78.
60. "Difficult though it is to build a high-performing AI specialist, building an AI generalist is orders of magnitude harder." Margaret Boden. *AI*: Its nature and future. London: Oxford University Press, 2016, p. 50.
61. Max Tegmark. *Life 3.0*. Ser-se humano na era da inteligência artificial. Trad. João Van Zeller. Alfragide: Dom Quixote, 2019, p. 78.

templando. O que não significa que a artificial não possa, um dia, chegar a esse ponto, ou mesmo ultrapassá-lo.

Em suma, caso se entenda por inteligência a capacidade de resolver problemas, de se adaptar a dificuldades, contornando-as para atingir objetivos predeterminados (que podem ser bastante específicos), tem-se que a inteligência artificial consiste na habilidade de máquinas ou sistemas não vivos desempenharem essa capacidade. Não é preciso, como dito, que a máquina tenha consciência de sua própria existência e da realidade ao seu redor, ou mesmo que possa realizar vários objetivos diferentes, mas apenas que consiga desempenhar satisfatoriamente tarefas até então tidas como exclusivamente humanas[62], como dirigir um carro, jogar xadrez ou dama, selecionar contribuintes para serem fiscalizados mais profundamente etc.

Tais esclarecimentos são feitos aqui para evidenciar que o estudo da inteligência artificial (IA) dialoga, inevitavelmente, com a Epistemologia, sendo mutuamente enriquecedor a interação entre essas duas áreas de estudo. Para replicar em máquinas a inteligência humana, é preciso compreendê-la em todas as suas manifestações ou facetas, o que inclui o conhecimento da realidade circundante, e interpretação de textos, a ponderação de possibilidades e de valores para a tomada de decisões. Por outro lado, à Epistemologia, como às demais áreas de estudos ligadas à cognição humana, é frutífero verificar como máquinas têm dificuldade para fazer certas tarefas que nos parece fáceis, por serem intuitivas, o que se manifesta por exemplo na compreensão de palavras vagas ou ambíguas, cujo sentido é muitas vezes óbvio a humanos em função do contexto em que empregadas.

No texto que talvez seja o primeiro já escrito em torno da Epistemologia, que a apresenta enquanto disciplina, Platão, usando Sócrates como personagem, observa que o saber deve ser buscado não nas sensações, mas "naquilo – chame-se-lhe como se quiser – em que a alma em si e por si se ocupa das coisas que são" (Teeteto, 187a).[63] A inteligência artificial confirma isso, pois máquinas podem ter os

62. Daí a definição bastante ampla – e simples – de Elaine Rich, segundo a qual "artificial Intelligence is the study of how to make computers do things at which, at the moment, people are better..." Elaine Rich. *Artificial Intelligence*. McGraw-Hill, 1983.

63. Platão. *Teeteto*. Trad. Adriana Manuela Nogueira e Marcelo Boeri. 4. ed. Lisboa: Fundação Calouste Goulbenkian. 2015, p. 271.

mais diversos sensores, por meio dos quais seus processadores terão acesso a informações relacionadas ao ambiente que as cerca e a elas próprias e ao seu funcionamento, mas o conhecimento, no sentido de "ação de saber"[64], ou de "cognição", não se confunde com elas, sendo antes o que se faz com, ou diante de, tais informações.

Essa foi a razão pela qual se afirmou que conhecimento não se confunde, necessariamente, com consciência. Dando-se à palavra o sentido de *formação de uma imagem da realidade*, seja ela interior ao organismo (estado de seus componentes, falta de água ou de nutrientes), seja exterior (a temperatura, a quantidade de luz, de gases etc.), mesmo organismos não conscientes, e mesmo desprovidos de sistema nervoso, têm conhecimento. Nesse sentido, mesmo sistemas não vivos são capazes de reagir ao meio em que se inserem, diante de informações que obtém a respeito dele. É o caso de um veículo de condução semiautônoma, que para automaticamente caso um pedestre se atravesse em seu caminho. A fim de adotar a ação de frear, é preciso que conheça o horizonte à sua frente e o interprete, de modo a parar caso se trate de um pedestre, ou seguir adiante se se tratar apenas de algumas folhas secas, ou de um saco de lixo vazio, nuances que mostram ser essa tarefa menos simples do que em um primeiro momento pode parecer.

64. Ação de saber, e não de corpo de informações acumuladas.

CAPÍTULO 2
EPISTEMOLOGIA GERAL

2.1 Conhecimento, sujeito e objeto. 2.2 Imperfeição do conhecimento. Sua inafastabilidade e suas consequências. 2.3 O ser e o dever ser no comportamento do pesquisador. 2.4 Espécies ou formas de conhecimento. 2.5 Relevância da abertura, do debate e do pluralismo nas discussões científica e filosófica. 2.6 É possível fazer afirmações falseáveis sobre normas e sobre valores?

2.1 CONHECIMENTO, SUJEITO E OBJETO

No capítulo anterior, usou-se a palavra conhecimento de forma bastante ampla, de modo a abarcar todo tipo de informação armazenada, acessada ou utilizada para determinar consequências, ainda que por processos não conscientes ou mesmo não vivos. Como o sentido das palavras não é dado *a priori* pela natureza, sendo, como se sabe, construído pelos falantes, não há propriamente um erro nesse uso bastante amplo. Convém, entretanto, lembrar que a palavra também pode ser, e geralmente o é, utilizada em sentido mais restrito, reservado ao processo, ou ao seu resultado, por meio do qual um sujeito constrói uma imagem de determinado objeto, no âmbito de uma relação.

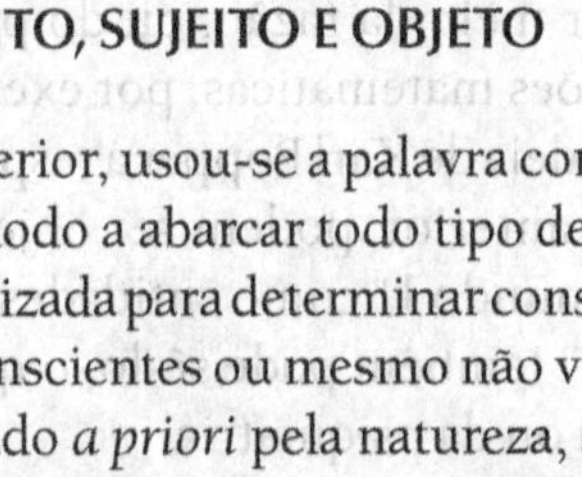

Faz-se presente, aqui, uma dubiedade conhecida como "processo-resultado", relativa àquelas palavras usadas para designar tanto um processo como o resultado dele. É o caso, também, de "pensamento", "interpretação", "decisão", "julgamento" e "raciocínio". O mesmo se dá com "conhecimento", que pode designar tanto a relação ou o processo por meio do qual um sujeito procura construir uma imagem de um objeto, como o resultado desse processo.

Conhecimento, portanto, é palavra que designa uma relação, havida entre um sujeito que conhece, ou sujeito cognoscente, e um objeto que é conhecido, sendo usada, também, para designar o resultado dessa relação, como tal entendida a imagem construída pelo sujeito a respeito do objeto.

Registre-se que o conhecimento não necessariamente terá por objeto apenas parcelas do mundo físico, acessíveis ao sujeito cognoscente através dos órgãos dos sentidos, como uma pedra, um inseto ou o curso de um rio. Também podem ser alvo do conhecimento objetos ideais, acessíveis por meio da razão, ou do pensamento, como os números e as operações matemáticas, por exemplo, ou as regras de um jogo. Voltando à ideia de Karl Popper a respeito dos três mundos, referida no capítulo anterior, podem ser objeto do conhecimento tanto entidades do "mundo 1" como entidades do "mundo 3". Aliás, o próprio "mundo 2" também pode sê-lo, o que parece ocorrer no âmbito da psicologia ou da psiquiatria.

Essa noção elementar do que consiste o conhecimento, por certo, pode ser submetida a diversas críticas, algumas das quais serão examinadas neste e no próximo item. Ela ainda assim foi aqui enunciada, pois permite uma primeira compreensão do tema, embora em seguida, com as objeções que se lhe podem formular, a ideia inicial dela decorrente possa sofrer modificações e aprimoramentos.

O mérito, que se pode atribuir ao criticismo de Kant, de se visualizar o conhecimento como uma relação entre um sujeito e um objeto, da qual surge uma imagem do referido objeto, feita pelo sujeito, reside no fato de que há correntes na filosofia que em geral atribuem demasiada ênfase a apenas um dos polos dessa relação. Correntes idealistas emprestam relevância ao sujeito cognoscente ou ao que se forma no interior de sua mente, desprezando a realidade subjacente, tida por inacessível ou muito precariamente acessível em função da imperfeição dos sentidos, enquanto correntes realistas consideram importante, para o conhecimento, o objeto, a ser pelo sujeito apenas descrito, sendo equivocada a pretensão de que o sujeito, no ato de conhecer, construa ou mesmo modifique o objeto. Ao se constatar que o conhecimento se desenvolve no âmbito de uma relação, a importância desses dois elementos – o sujeito e o objeto – é vista de forma mais equilibrada, considerando-se o caráter determinante e dialético que ambos têm no processo.[1]

Precisamente por ser uma relação, e por ser o seu resultado apenas uma imagem do objeto, nunca inteiramente coincidente com este, é inerente ao processo de conhecimento a imperfeição e a provisoriedade. A cada nova análise, a cada novo exame do objeto, a imagem que se tem dele é sujeita a ratificações ou a retificações. Talvez por isso Paul Feyerabend tenha apelidado Karl Popper de "mini-kant",[2] pois foi sobre essas bases filosóficas, acrescidas de atualizações hauridas da biologia, que Popper construiu sua epistemologia falibislista.

Interessante notar que a partir do processo de conhecimento, que se desenvolve de forma consideravelmente mais aprimorada no cérebro humano, surge o *self*, ou o "eu". O ser humano, ao saber que sabe (*homo sapiens sapiens*), consegue ver-se enquanto sujeito cognoscente, construindo assim a consciência do seu "eu".[3] Por outras palavras, ao conhecer a realidade, formando dela uma imagem, o sujeito insere nessa imagem a figura de si próprio enquanto sujeito conhecedor, criando-se, nesse momento, o seu *self*. É o metaconhecimento, portanto, ou o conhecimento do processo de conhecimento, que permite o surgimento da consciência de si (*self-awareness*), que

1. Cf. Agostinho Ramalho Marques Neto. A ciência do direito. Conceito, objeto, método. 2. ed. Rio de Janeiro: Renovar, 2001, p. 9.
2. Paul Feyerabend. Adeus à razão. Trad. Vera Joscelyne. São Paulo: Unesp, 2010, p. 50. Ver ainda Adela Cortina. Neuroética y neuropolítica. Sugerencias para la educación moral. Madrid, Tecnos: 2011, p. 18.
3. Como aponta Damásio, "tornamo-nos conscientes quando internamente nosso organismo constrói e exibe um tipo específico de conhecimento sem palavras – o conhecimento de que nosso organismo foi mudado por um objeto – e quando esse conhecimento ocorre junto com a exibição interna destacada de um objeto. (...) [*a*] consciência central ocorre quando os mecanismos cerebrais de representação geram um relato imagético, não verbal, de como o próprio estado do organismo é afetado pelo processamento de um objeto pelo organismo, e quando esse processo realça a imagem do objeto causativo, destacando-o assim em um contexto espacial e temporal". Nesse cenário, "(...) a entidade conhecível do captor acaba de ser criada na narrativa do processo de captação". Cf. Antonio Damásio. *O mistério da consciência*. São Paulo: Companhia das Letras, 2002, p. 218-221.

caracteriza o ser humano,[4] algo que sem dúvida ressalta a relevância e a fundamentalidade da Epistemologia. Com isso, a imagem anterior poderia ser reformulada da seguinte forma:

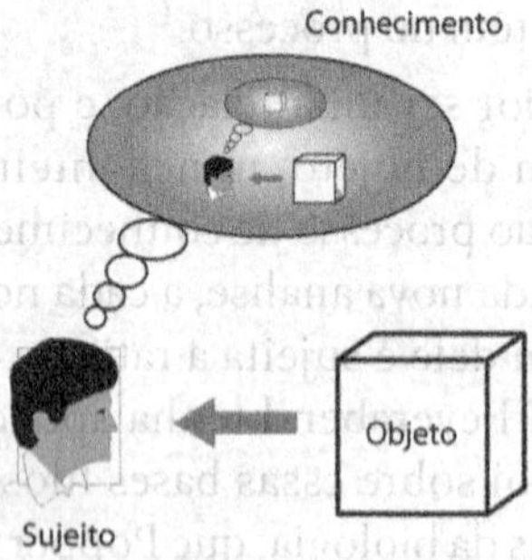

Além da imperfeição dos sentidos, e de uma série de outros fatores que levam à falibilidade do conhecimento, é preciso lembrar, para que se tenha uma compreensão crítica da excessiva simplificação constante das imagens usadas anteriormente,[5] que sujeito e objeto fazem parte, ambos, da mesma realidade. Não existe um sujeito inteiramente racional e isolado do mundo que o cerca, o qual apreende, de forma completa, um objeto também perfeitamente segmentado das demais parcelas da realidade. Deve-se lembrar que o próprio sujeito é, de algum modo e em algum grau, determinado pelo ambiente que o circunda, e que o objeto é apenas uma parte da realidade à qual o sujeito dá maior atenção ou ênfase, sendo preciso ter em mente que a identificação do objeto e o ato de fazer nele um

4. Há controvérsia em torno da exclusividade dessa característica humana, pois alguns outros mamíferos também a teriam, como chimpanzés e golfinhos. Isso não invalida o que se disse, porém, sobretudo por conta da maior capacidade humana de utilizar essa consciência para compreender a própria mente e a mente de seus semelhantes, compreendendo o que nelas se passa de modo a que se criem muito mais complexas estruturas de cooperação, conforme explicado no Capítulo 1. Veja-se Matthew D. Lieberman. *Social*. Why our brains are wired to connect. Oxford University Press: ibooks, 2013, p. 193.
5. A imagem não seria propriamente como consta do desenho, pois a relação seria retratada a partir da visão do sujeito, ou seja, em "primeira pessoa". Manteve-se a representação em terceira pessoa – o sujeito "se vendo" na relação de conhecimento, de fora – apenas para facilitar a compreensão do leitor a respeito do fato de que é ao se descrever como sujeito da relação de conhecimento que o cérebro cria a imagem do próprio sujeito, forjando a *self-awareness* (consciência de si).

exame apartado dos demais segmentos da realidade é um ato do sujeito cognoscente, que assim, de certa forma, o determina, aspecto que será mais detidamente examinado a seguir.

2.2 IMPERFEIÇÃO DO CONHECIMENTO. SUA INAFASTABILIDADE E SUAS CONSEQUÊNCIAS

A concepção de conhecimento como relação entre sujeito e objeto, insista-se, deve ser acompanhada da compreensão de que existem diversos fatores que interferem nessa relação e que não estão devidamente ilustrados nos desenhos usados para representá-la ao longo do item anterior. O mais óbvio deles consiste na posição do sujeito diante do objeto. Como diz Pontes de Miranda, "quando percebemos algum objeto, não o percebemos como o ser, que é, e tal como é. A fruta, que vemos, só a vemos por fora; o salão, que vemos, só o vemos por dentro".[6] Ainda nesse quesito, vale lembrar que a posição ocupada pelo sujeito, no tempo e no espaço, pode fazer com que certas parcelas da realidade sejam completamente inacessíveis a ele, por questões físicas. É o caso de estrelas situadas em locais tão distantes do universo que a luz por elas emitida não é capaz de chegar ao sujeito cognoscente durante o tempo da existência deste.[7]

Como desdobramento dessa ideia, merece registro também a já mencionada imperfeição dos órgãos dos sentidos, os quais fornecem ao ser humano informações (referentes ao seu organismo e ao ambiente ao seu redor) apenas boas o suficiente para permitir sua *sobrevivência*, suficiência essa definida pelo fato de os antepassados portadores daqueles mesmos órgãos terem por meio deles sobrevivido.

Esses fatores respondem por falhas ou imperfeições na formação do conhecimento, decorrentes da precariedade da informação que chega ao cérebro do sujeito. Há, porém, interferências causadas pela própria composição do sujeito e pelo meio em que o processo todo acontece, que é o da linguagem.

6. Pontes de Miranda. *O problema fundamental do conhecimento*. Campinas: Bookseller, 1999, p. 86.
7. Marcelo Gleiser. *A ilha do conhecimento*. Os limites da ciência e a busca por sentido. Rio de Janeiro: Record, 2014, p. 123.

Como já referido, o sujeito aproxima-se do objeto já guardando em si uma concepção prévia a respeito desse objeto. A aproximação serve para confirmar, para complementar, para modificar ou para afastar completamente essa concepção prévia, a qual, de algum modo, influencia a maneira como o objeto será examinado e interpretado. Lembre-se do exemplo, algumas vezes referido, dos roedores que têm, de maneira instintiva, a prévia concepção da serpente – que nunca viram – como uma ameaça, um perigo às suas vidas. É impossível, até por razões biológicas, afastar a existência de ideias prévias ao exame, que poderiam aqui, sem o caráter pejorativo próprio da linguagem coloquial, ser chamadas de *preconceitos*. Alguns desses preconceitos são produto do instinto, outros das intuições, e outros, ainda, de processos cognitivos conscientes mesmo, interferindo inevitavelmente no processo de conhecimento. São fatores, presentes no sujeito, que interferem na construção da imagem do objeto.

O ser humano procura compreender o que ainda não conhece a partir daquilo que já conhece. Veja-se, por exemplo, que pessoas nascidas nos anos 1940 e 1950 definiam um microcomputador, quando de sua popularização nos anos 1990, como "uma máquina de escrever com inúmeras outras funções", ao passo que crianças nascidas nos anos 2010, se apresentadas a uma máquina de escrever, ficam curiosas diante do que lhes parece "um computador tosco que 'só imprime'". É inevitável, portanto, que o contexto histórico em que está situado o sujeito interfira na forma como ele constrói a "imagem do objeto" no âmbito da relação de conhecimento.

Note-se, ainda, que o cérebro humano pode efetivamente experimentar sensações diferentes, ainda que diante de um mesmo objeto, a depender de tais preconceitos. Degustações de vinhos são por vezes feitas às cegas, porque os degustadores podem, sabendo o preço ou o renome de um determinado vinho, realmente senti-lo de forma diferente.[8] Não é demais lembrar, por outro lado, que a imagem do objeto é sempre *construída* pelo cérebro *a partir* das informações obtidas pelos sentidos (no caso do conhecimento empírico), não

8. Leonard Mlodinow. Subliminar: como o inconsciente influencia nossas vidas. Rio de Janeiro: Zahar, 2013, p. 32.

consistindo apenas na mera "entrada" dessas sensações.[9] No caso do conhecimento de realidades puramente institucionais, como as normas jurídicas, isso se torna ainda mais problemático, pois a parcela do dado a ser estudado que é fruto de uma construção do sujeito, ainda que à luz de critérios definidos de maneira intersubjetiva, é consideravelmente maior.

Não bastasse isso, a realidade é demasiadamente complexa, sendo o conhecimento, sempre, uma simplificação dela, em algum grau. Independentemente da imperfeição das informações trazidas ao cérebro pelos órgãos dos sentidos, seria impossível ao cérebro, mesmo que perfeitas e completas pudessem ser essas informações, processá-las em sua completude, inteireza e abundância. Aliás, não só impossível, mas isso, em muitas situações, do ponto de vista da sobrevivência,[10] seria desnecessário, requerendo um esforço inútil de tempo e energia, que poderiam estar sendo empregados em outra finalidade.

Na verdade, no processo de conhecimento valorizam-se parcelas da realidade, desprezando-se (ainda que momentaneamente) outras, o que se evidencia na própria identificação do objeto a ser estudado. A precisão na determinação dos detalhes e das particularidades do objeto examinado é buscada apenas na medida em que isso é *necessário* ao propósito imediato pelo qual se busca conhecê-lo. Até a atividade consciente funciona assim, não sendo possível prestar atenção a tudo o tempo inteiro. Enquanto lê estas linhas, o leitor pode não estar atento à sua respiração ou às suas orelhas, mas pode, por um momento, dedicar total atenção a uma dessas duas coisas, que ocupa o centro de suas atenções, em detrimento das demais parcelas da realidade.[11]

---

9. V. S. Ramachandran. *The Tell-Tale Brain.* A neuroscientist's quest for what makes us human. New York: WW Norton & Company, 2011, p. 49.
10. Thomas Metzinger. *Ego Tunnel*: The science of the mind and the myth of the self. New York: Basicbooks, 2010, p. 9.
11. A título exemplificativo, o leitor pode lembrar de quando está em uma festa, em que várias pessoas estão conversando, e, embora esteja com alguém à sua frente a falar algumas coisas, começa a prestar atenção ao que estão dizendo na mesa vizinha. Caso seu interlocutor pare de falar e diga "você não acha?", o leitor será bruscamente trazido de volta para a conversa, colocando-se na situação constrangedora de nada saber a respeito do que seu interlocutor falava, já que a atenção estava voltada para uma conversa paralela.

Além da escolha sobre quais parcelas serão conhecidas, há, também, escolha a respeito do quanto de precisão se exige nesse conhecimento. Imagine-se, por hipótese, que alguém pretende conhecer a distância entre duas cidades. Será problemático determinar com exatidão onde cada uma delas começa e termina, de modo a identificar, com precisão milimétrica, o espaço que as separa. Caso se deseje apenas saber o tempo aproximado de viagem de uma a outra, de avião, alguns quilômetros poderão ser desprezados e a descrição da distância, ainda assim, será adequada. Caso se pretenda conhecer a altura de um sujeito, coloca-se o mesmo problema. Precisão absoluta será impossível, mas se se deseja apenas saber se determinada camisa lhe vestirá bem, alguns milímetros a mais, ou a menos, poderão ser desprezados. Milímetros que serão decisivos, por sua vez, se se trata de determinar o grafite a ser utilizado na lapiseira do colega que nos pede um pouco emprestado, se 0.5 ou 0.7.

Em síntese, a descrição perfeita e exata da realidade não só não é possível, como muitas vezes não é necessária aos propósitos a que se destina. O cérebro humano, naturalmente, simplifica a realidade, desprezando parcelas irrelevantes ou "arredondando" frações desnecessárias, tudo à luz da finalidade para a qual deseja conhecê-la em cada situação específica. Uma descrição mais perfeita envolve sempre um *custo,* o qual muitas vezes não é recompensado quando o detalhe com ele obtido não tem relevância. Pense-se, no caso, no trabalho que envolveria determinar em milímetros a distância entre duas cidades, e na necessidade de se enfrentar esse custo cognitivo, se apenas se deseja calcular a conveniência de fazer o trajeto entre ambas de carro ou de avião.

O problema é que o desprezo de tais parcelas tidas por irrelevantes da realidade, em determinadas circunstâncias, pode alterar significativamente os resultados obtidos e isso não ser percebido, risco presente sobretudo quando a própria simplificação não é conscientemente percebida. Isso se torna mais evidente nos chamados sistemas complexos, nos quais é impossível conhecer todas as variáveis que interferem em seu funcionamento, o que dificulta a formulação de previsões de longo prazo.

Seja como for, o relevante é notar que o conhecimento humano é precário e imperfeito. Aliás, não apenas o conhecimento humano, mas também aquele detido por outros sujeitos cognoscentes, inclusive artificiais (IA). Por isso, é impossível assegurar, absolutamente, a veracidade das afirmações feitas a respeito da realidade, seja ela ideal, institucional ou empírica. Essas dificuldades ou imperfeições do conhecimento podem levar a diferentes atitudes diante dele. É importante analisá-las.

Pode-se, partindo da concepção de que não temos certeza de termos atingido a verdade quanto ao conhecimento, assim entendida a correspondência entre a imagem formada do objeto e este objeto, adotar posição cética segundo a qual o próprio conhecimento é inviável. Tudo o que sabemos, ou pensamos saber a respeito da realidade, pode ser falso. Um dia, todas as teorias nas quais os especialistas da atualidade acreditam terão o seu desacerto demonstrado. Aliás, alguém não pode ter sequer a certeza, absoluta, de que não está sonhando, enquanto lê estas linhas. Se hoje rimos dos médicos de quinhentos anos passados, o mesmo farão, a respeito dos médicos de hoje, os que viverem em 2515, para os quais, tudo o que os médicos de hoje acham que sabem, deve ser falso.

No outro extremo, pode-se adotar, diante da imperfeição do conhecimento, a atitude relativista, segundo a qual tudo pode ser verdadeiro. Se a postura cética envolve a concepção de que tudo o que sabemos pode ser falso, devendo, portanto, ser assim considerado, a posição relativista faz o contrário, preconizando que, se o conhecimento é apenas possivelmente verdadeiro, qualquer afirmação pode ser verdadeira. Voltando ao exemplo dos médicos, se hoje rimos dos médicos de quinhentos anos passados, e daqui a mais quinhentos anos rirão dos médicos de hoje, não há motivo para preferirmos uma teoria construída por um pesquisador da medicina às afirmações de um curandeiro ou às prescrições da "sabedoria popular" sobre o diagnóstico e a terapia de certas moléstias. Tudo pode ser verdadeiro, afinal.

Há, ainda, uma terceira postura possível, que mistura um pouco das outras duas: o dogmatismo. Dada a precariedade do acesso do ser humano à realidade a ser conhecida, constrói-se uma versão ou imagem dessa realidade, sem maior preocupação com sua fundamentação, que em seguida é colocada a salvo de qualquer questionamento. Afinal, se tudo pode estar errado, a crítica que se faz à ideia dogmaticamente defendida também há de estar. E como tudo pode também estar certo, esse deve ser o caso da ideia dogmaticamente defendida. É o que fazem alguns religiosos, que usam a reconhecida insuficiência da cognição humana para afirmar que seus dogmas podem estar corretos, e as versões alternativas para as explicações dos mesmos fenômenos (*v.g.*, surgimento da vida, evolução das espécies etc.) devem estar erradas. Veja-se, por exemplo, o seguinte trecho da música "Teoria", de autoria de Padre Zezinho:

> "(...)
> "no mundo de mil poetas
> e de mil filosofias
> de mil caminhos andados
> e milhões de teorias
> também posso ver a minha que nasceu da minha Fé
> a humanidade caminha pra Jesus de Nazaré
> a humanidade caminha pra Jesus de Nazaré
>
> "ma maranata la la la la la la la
> ma maranata la la la la la la la
>
> "no mundo de mil verdades
> e milhões de mentirinhas
> de mil excentricidades
> e de mil sugestõezinhas
> também quero dar a minha que nasceu da minha Fé
> porque você não caminha com Jesus de Nazaré?
> porque você não caminha com Jesus de Nazaré?
> "(...)"

É bem perceptível a equiparação do dogma religioso, sem nenhum fundamento racional, às afirmações científicas e filosóficas, baseada no caráter falível e provisório destas últimas. Afinal, se existem muitas teorias, e muitas "verdades", a crença católica seria só "mais uma", tão bem fundamentada quanto qualquer outra, ou mesmo a única verdadeiramente fundamentada, porquanto baseada não na cognição humana, sabidamente imperfeita, mas na revelação propiciada pela fé.

Como um meio-termo entre essas três posições extremadas, apresenta-se o falibilismo, segundo o qual, ainda que não se possa ter certeza a respeito da veracidade ou do acerto de afirmações feitas a respeito da realidade, é possível submetê-las a testes, a fim de que sejam consideradas verdadeiras *enquanto não for demonstrada a sua falsidade*. Essa atitude, que corresponde, em alguma medida, à forma como se comportam os seres vivos em geral e o ser humano em particular, parece ser a forma mais adequada de lidar com o *risco de estar errado*, equilibrando a busca pela verdade, de um lado, com a necessidade prática de se tomarem decisões imediatas, de outro. Diante da sensação de sede, e da imagem de um copo de água diante de si, o sujeito não ficará por horas a refletir se realmente é sede o que sente, e se é água o que vê à sua frente, ou se está sonhando ou realmente acordado. Ele simplesmente beberá a água. Mas se, no meio do processo, ao aproximar-se do copo, perceber, pelo odor, tratar-se de outra substância, *retificará* a imagem inicialmente formada, corrigindo o curso de suas ações. Por outras palavras, a falibilidade do conhecimento deve manter o sujeito sempre aberto para a possibilidade de estar errado, mas essa possibilidade não deve ser confundida com a certeza de se estar errado. O fato de que teorias podem ter falhas não significa que não existam teorias melhores do que outras. É preciso ter humildade diante do desconhecido, o que não implica a necessidade de se atribuir igual valor a toda e qualquer tentativa de explicá-lo.[12] O falibilismo e as três referidas posturas extremadas diante do risco de estar errado o conhecimento podem ser graficamente representados assim:

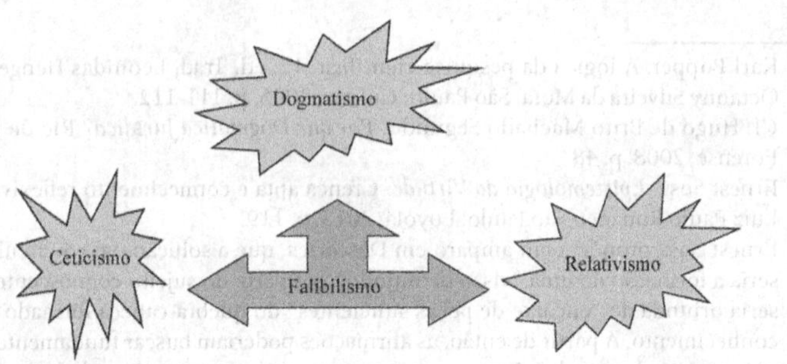

12. Como registra Henri Atlan, é preciso encontrar um meio-termo entre divinizar a ciência e diabolizá-la. Henri Atlan. Será que a ciência cria valores? O bom, o verdadeiro e o poeta. In: Guitta Pessis-Pasternak. *A ciência: Deus ou Diabo?* Trad. Edgard de Assis Carvalho e Mariza Perassi Bosco. São Paulo: Unesp, 2001, p. 184.

Tal forma de compreender o processo cognitivo permite que se resolva, inclusive, a velha questão do *Trilema de Fries*,[13] ou do *Trilema de Münchhausen*, assim entendida aquela relacionada à fundamentação do conhecimento e ao perigo do regresso ao infinito,[14] na tentativa de resolver a "problemática pirrônica".[15] Se alguém pedir as razões pelas quais se considera que a afirmação "A_1" é verdadeira, utilizar-se-á outra afirmação, "A_2", como fundamento. Caso se peçam as razões pelas quais "A_2" é verdadeira, empregar-se-á a afirmação "A_3" como fundamento, e assim por diante. Diz-se que se trata de um trilema porque a ele se têm dado três soluções alternativas, a saber: *(i)* dogmatismo: interrompe-se a série de fundamentações de forma arbitrária, com um "porque sim!" e ponto; *(ii)* recurso ao infinito: segue-se eternamente respondendo ao "por quê?" de uma afirmação, usando-se novas afirmações como apoio; e, finalmente, *(iii)* circularidade: usam-se afirmações anteriores como amparo para afirmações posteriores, que as fundamentam. É por essa terceira solução, uma evidente petição de princípios, que se diz tratar-se de um *Trilema de Münchhausen*, em referência à figura lendária que teria ficado presa em um pântano com seu cavalo tendo se desvencilhado – junto com o cavalo, preso entre suas pernas – puxando os próprios cabelos para cima.[16]

13. Karl Popper. A lógica da pesquisa científica. 12. ed. Trad. Leônidas Hengenberg e Octanny Silveira da Mota. São Paulo: Cultrix, 2006, p. 111-112.
14. Cf. Hugo de Brito Machado Segundo. *Por que Dogmática Jurídica?* Rio de Janeiro: Forense, 2008, p. 48.
15. Ernest Sosa. *Epistemologia da Virtude*. Crença apta e conhecimento reflexivo. Trad. Luiz Paulo Rouanet. São Paulo: Loyola, 2013, p. 119.
16. Ernest Sosa propõe, com amparo em Descartes, que a solução para a circularidade seria a formação de uma "visão de mundo" por parte do sujeito cognoscente, a qual seria oriunda do "encaixe de peças suficientes" do quebra-cabeça formado por seu conhecimento. A partir de então, as afirmações poderiam buscar fundamento último nessa "visão de mundo". Essa proposta, porém, não afasta a necessidade de se adotar o raciocínio falibilista, já que não deixa, de algum modo, de incorrer em uma petição de princípios ou em alguma circularidade. Confira-se, a propósito, Ernest Sosa, *Epistemologia da Virtude*, cit., p. 126. Sobre a circularidade, Platão já dizia, no *Teeteto*, que definir conhecimento como opinião correta, assim entendida a fundamentada (em outra opinião) é como "dar a volta completa no chicote" (Platão. *Teeteto*. Trad. Adriana Manuela Nogueira e Marcelo Boeri. Prefácio de José Trindade Santos. 4. ed. Lisboa: Calouste Gulbenkian, 2015, p. 320.

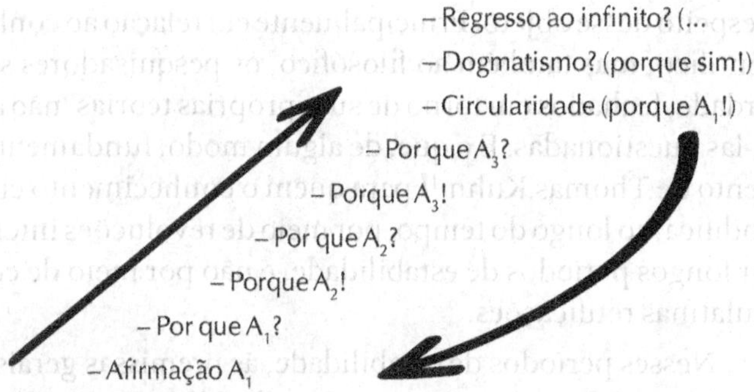

O falibilismo permite solução satisfatória para o problema sem incorrer na circularidade. Interrompe-se a série de fundamentações – não de forma dogmática, inviabilizando o debate; tampouco se segue eternamente fundamentando, ou se incorre em circularidade. Simplesmente se inverte o ônus argumentativo, perguntando a quem cobra por mais e mais fundamentos: "por que não?". Em vez de fundamentar indefinidamente a veracidade de uma afirmação (e à certeza absoluta a respeito dessa veracidade nunca se vai chegar), fundamenta-se até que se chegue a uma certeza além da dúvida razoável, e se impõe a quem quiser continuar discutindo que indique as razões pelas quais haveria dúvida.

Há, portanto, afirmações sobre a realidade e teorias formuladas com um conjunto delas, que podem ser consideradas corretas, ou pelo menos mais adequadas que outras, o que não significa que são perfeitas, absolutas ou irretocáveis, mas apenas que, dada a quantidade razoável de testes pelos quais já passaram e ainda não falharam, são consideradas verdadeiras até que se demonstre o contrário ou se apresente teoria melhor, respondendo-se ao "*por que não?*" referido anteriormente.

2.3 O SER E O DEVER SER NO COMPORTAMENTO DO PESQUISADOR

O que se disse a respeito do falibilismo, por certo, pode ser também objeto de críticas, fundadas no fato de que o sujeito cognoscente, vale dizer, aquele que procura conhecer um dado objeto, nem sempre está aberto a críticas que venham a ser dirigidas às afirmações que fizer a respeito desse objeto. Principalmente em relação ao conhecimento científico, mas também ao filosófico, os pesquisadores seriam, em verdade, fechados em torno de suas próprias teorias, não admitindo vê-las questionadas. É o que, de algum modo, fundamenta o pensamento de Thomas Kuhn,[17] para quem o conhecimento científico se modifica, ao longo do tempo, por meio de revoluções intermediadas por longos períodos de estabilidade, e não por meio de contínuas e paulatinas retificações.

Nesses períodos de estabilidade, as premissas gerais das quais partem as teorias não são questionadas. Tem-se, em cada área de pesquisa, uma grande "teoria guarda-chuva" que explica em linhas gerais a forma como se compreende o mundo, e as várias pesquisas desenvolvidas apenas desdobram ou complementam essa grande teoria, aprofundando-a neste ou naquele setor específico, sem contestá-la. A palavra *paradigma,* que assumiu ampla popularidade depois da publicação do *A Estrutura das Revoluções Científicas*, de Thomas Kuhn, tem, entre seus vários significados, esse, que talvez lhe seja central na referida obra: grande teoria "guarda-chuva" em torno da qual outras são construídas e desdobradas, mas que ordinariamente não é questionada.

Com o tempo, porém, os estudos realizados para aprofundar e desdobrar o paradigma encontram incongruências ou anomalias, assim entendidas situações que não se encaixam na explicação dada pelo paradigma. Como este não pode ser questionado, seja porque os catedráticos, orientadores, líderes de grupos de pesquisa etc. não admitem, seja porque há, de uma forma explícita ou velada, algum dogmatismo em torno do paradigma, tais anomalias são simplesmente ignoradas ou deixadas de lado. Muitas vezes não são sequer enxergadas, pois o pesquisador, por estar influenciado pelo paradigma no qual está inserido, inconscientemente as ignora.

É inevitável, porém, que com o passar de mais algum tempo as anomalias se somem e se avolumem de tal forma que seja impossível ignorá-las. A sujeira, que paulatinamente foi sendo colocada embaixo de um tapete, tornou-se demasiadamente volumosa para ser igno-

17. Thomas S. Kuhn. *A estrutura das revoluções científicas*. Trad. Beatriz Vianna Boeira e Nelson Boeira. 9. ed. São Paulo: Perspectiva, 2005, passim.

rada. É quando um pesquisador, então, mune-se de tais anomalias para *criticar o próprio paradigma.*

Nesse momento, os demais pesquisadores, em sua maioria os mais velhos, e seus discípulos mais submissos, colocar-se-ão contra aquele que atacou o paradigma. Em vez de romanticamente participar dos experimentos destinados a demonstrar a falsidade do paradigma, como sustenta Popper, tais cientistas procurarão, a todo custo, ridicularizar, menosprezar e prejudicar aquele que se posiciona contrariamente ao paradigma dominante. Gradativamente, porém, o opositor do paradigma dominante atrairá adeptos. Um a um, os cientistas abandonarão o paradigma, que então *cairá*. O último, que depois da conversão de todos os demais eventualmente insistir em manter-se no paradigma anterior, já nem mais poderá ser considerado um cientista.

Há, na ciência, vários episódios que parecem confirmar a descrição feita por Thomas Kuhn. A história de Louis Pasteur[18] e seus conflitos com a academia de medicina de Paris, em razão da afirmação de que seriam os micróbios os causadores de diversas doenças, é exemplo emblemático. Pasteur foi duramente atacado pelas objeções que fez ao paradigma até então dominante, mas, apesar delas, gradativamente conseguiu convencer seus opositores, mesmo os mais aguerridos, derrubando assim a visão que todos eles tinham a respeito das doenças, ainda calcada na teoria da geração espontânea de matriz aristotélica.

Interessante notar que o estudo de como o cérebro humano forma e mantém suas crenças sugere que, de fato, ele opera de modo falibilista, formando crenças e mantendo-as – agindo como se fossem verdadeiras – até que evidências posteriores demonstrem a sua falsidade. É assim que todo ser humano se conduz, não sendo sequer possível que ações somente sejam tomadas depois de se chegar a uma certeza absoluta em torno da veracidade das crenças que são pressupostos dessas ações. Aliás, não só os seres humanos, mas os seres vivos em geral, pois os antepassados que só corriam de um predador quando tinham certeza de se tratar realmente de um predador, por exemplo, talvez tenham virado uma refeição antes de terem a oportunidade de deixar descendentes igualmente "reflexivos".

---

18. Veja-se, a esse respeito, o filme *A História da Louis Pasteur* (*The Story of Louis Pasteur*), de 1936, ganhador do Oscar de "Melhor Roteiro Original", em 1937.

Entretanto, registre-se que, embora o cérebro humano forme crenças a respeito da realidade à sua volta, submetendo-as, em seguida, a constantes ratificações ou retificações, as informações que recebe a respeito dessas crenças são por ele inconscientemente processadas de forma diferente, conforme sejam elas convergentes ou divergentes relativamente a tais crenças.[19] Em termos mais claros, o cérebro é mais receptivo e menos crítico ou exigente em relação àquelas informações novas, que lhe chegam, quando elas *confirmam* as crenças que ele já possuía e deseja manter (viés da confirmação, ou *confirmation bias*). Pela mesma razão, ele é mais exigente e rigoroso com aquelas que derrubam essas crenças, que ele gostaria de manter. Isso talvez explique a razão pela qual muitos se comportam nos termos descritos por Kuhn, embora devessem fazê-lo da forma prescrita por Popper.

Claro que, em algumas mentes mais abertas, à maior parte das ideias novas se pode ser mais receptivo. Em outras, mais dogmáticas, o ingresso daquelas que refutam as ideias já estabelecidas pode ser vedado inteiramente. Mas o natural é que as coisas se processem de forma intermediária, exigindo-se um pouco mais daquelas ideias e daquelas evidências que contrariam crenças que se deseja manter. E isso faz com que surjam as "escolas" nas quais, em virtude do que Souto Borges chama de "satelitização do conhecimento",[20] discípulos põem-se todos em torno do mestre a repetir ideias que têm mais facilidade de serem aceitas por ele, evitando aquelas que possam encontrar dificuldade ou mesmo a impossibilidade de serem acolhidas por contrariarem crenças dogmaticamente arraigadas.

Essa é, de fato, uma crítica válida que pode ser feita à ideia de ciência e de progresso do conhecimento científico, nos moldes defendidos por Karl Popper e, em linhas gerais, seguidos neste livro. Há várias outras críticas, que seguem a mesma linha, ancoradas em considerações sociológicas sobre a interferência de interesses do mercado, ou do governo, ou das classes dominantes etc., sobre

---

19. Nassim Nicholas Taleb. *El Cisne Negro*. El impacto de lo altamente improbable. Trad. Roc Filella. Barcelona: Paidós, 2011, p. 106; Leonard Mlodinow. *Subliminar*..., cit., p. 245; Daniel Kahneman. *Thinking, Fast and Slow*. New York: Farrar, Straus and Giroux, 2011, p. 82, p. 106; Cass Sunstein. *Going to Extremes*: how like minds unite and divide. New York: Oxford University Press, 2009, p. 50.
20. José Souto Maior Borges. *Ciência feliz*. Trad. Juan Carlos Panez Solorzano. Lima: Palestra, 2012, p. 46-47.

a empreitada científica. É preciso notar, porém, que elas tratam de distorções eventualmente havidas no plano dos fatos, também conhecido como plano ôntico, ou do ser, as quais não contrariam uma teoria que prescreve como a atividade científica *deve* ser conduzida.

Comparando, poder-se-ia dizer que o fato de alguns médicos prescreverem remédios desnecessários, apenas em razão de serem remunerados para isso pelos respectivos laboratórios, não é por si só uma razão para que se defenda que a Medicina tem por objetivo enriquecer os laboratórios, sendo essa a razão de ser da atividade dos médicos. Fazendo uso de outro exemplo, agora no âmbito jurídico, sabe-se que o processo destina-se à correta aplicação do direito material eventualmente violado, objetivo *teórico* que não é modificado por se saber que, em algumas raras situações, ele é *de fato* utilizado para finalidades outras, talvez menos nobres, ligadas a interesses escusos de uma das partes ou do magistrado.

Em síntese, considerações de ordem sociológica ou histórica, que apontam como *de fato* (e talvez indevidamente) pensadores se comportaram no passado, não invalidam afirmações a respeito de como esses pensadores *deveriam* ter se comportado para atender aos propósitos da ciência ou para produzir um conhecimento menos imperfeito.

E mesmo pondo de lado tais considerações sociológicas e históricas, atreladas ao que poderia ser visto como uma distorção no comportamento de cientistas e filósofos, vale observar: mesmo no plano ideal, ou utópico, não se pode dizer que o pensador deva adotar atitude sempre crítica e refutadora das teorias, pois, como todas são de algum modo falhas, não sobraria nenhuma, implicando um regresso ao ceticismo, inviável do ponto de vista pragmático. Por outro lado, não se deve adotar posição subserviente a toda e qualquer teoria ou afirmação feita por alguém que previamente tenha se ocupado do mesmo assunto. Há, nesse ponto, o que Thomas Kuhn batizou de "tensão essencial" entre a "divergência" e a "convergência", pois ambas as posturas são essenciais ao avanço científico,[21] tensão, de algum modo, possível de ser calibrada pelo raciocínio falibilista.

21. Thomas Kuhn. *A tensão essencial*. Estudos selecionados sobre tradição e mudança científica. Trad. Marcelo Amaral Penna-Forte. São Paulo: Unesp, 2009, p. 242.

2.4 ESPÉCIES OU FORMAS DE CONHECIMENTO

Ao longo deste livro, foram feitas várias referências ao conhecimento. Em algumas delas, usou-se o qualificativo *científico*. Em outras, não. É relevante, portanto, dedicar algumas palavras para tratar das *espécies* em que o conhecimento pode ser dividido.

Sem esquecer o caráter relativo e gradual de toda divisão que se pretende estabelecer na realidade, sempre mais complexa e rica que as descrições que somos capazes de fazer dela, pode-se dizer que o conhecimento humano pode ser: *i)* comum ou vulgar; *ii)* científico; *iii)* filosófico; *iv)* religioso.

Prefere-se, aqui, a expressão *conhecimento comum*, evitando-se a palavra "vulgar", pois ela pode ser compreendida de forma pejorativa, o que não parece correto. Trata-se do conhecimento que orienta a maior parte das ações cotidianas, caracterizando-se por ser assistemático e acrítico. É aquele conhecimento em torno do qual não se reflete e que não é, por isso mesmo, questionado. Todos os dias acordamos, utilizamos o chuveiro, a cafeteira, o *tablet*, o automóvel ou o metrô, sem parar para pensar em como ou por que tais aparelhos funcionam, ou sem refletir a respeito do contrato firmado quando da aquisição da passagem do metrô e assim por diante.[22] O mesmo ocorre com relação ao funcionamento do nosso próprio corpo, com nossas relações com nossos semelhantes etc. O conhecimento decorrente do senso comum é muito importante, inclusive, para tarefas que realizamos intuitivamente, sendo a falta dele o motivo pelo qual, para as máquinas, essas mesmas tarefas são tão difíceis.

O *conhecimento científico* e o *conhecimento filosófico* diferenciam-se do *comum* pelo fato de serem críticos e questionadores de si, além de terem pretensão de sistematicidade. Até a Idade Moderna, não havia uma distinção muito clara entre ambos. Com a revolução científica havida a partir de então, porém, passou-se a entender o conhecimento científico como aquele voltado a parcelas específicas

22. Daí por que se pode dizer que o conhecimento comum, em larga medida (é preciso lembrar que existem também os conhecimentos "tradicionais"), é composto de uma mistura superficial de vários conhecimentos específicos. Cf. Enrique R. Aftalión, José Vilanova, Julio Raffo. *Introducción al Derecho*. Buenos Aires: Abeledo-Perrot, 2004, p. 158.

da realidade, tendo, ainda, caráter predominantemente empírico ou experimental. Já o conhecimento filosófico teria pretensões universalizantes, preocupando-se com a totalidade do real,[23] bem como com a identificação das condições de possibilidade e de validade do próprio conhecimento.

Assim, a principal distinção entre o conhecimento comum, o científico e o filosófico, como se nota, não reside tanto no seu resultado, ou no conjunto de informações acumuladas a respeito da realidade, tampouco no objeto estudado em cada caso, mas na *postura do sujeito cognoscente* diante do objeto e de sua relação de compreensão dele. No âmbito do chamado conhecimento comum, o sujeito relaciona-se com o objeto com fins eminentemente práticos, visando a compreendê-lo apenas para alcançar certos objetivos, sem maior preocupação teórica e reflexiva sobre aquilo que conhece, o que não ocorre no âmbito dos conhecimentos científico e filosófico.

Além da já apontada dificuldade em se traçarem tais divisões, registre-se que, na Antiguidade, não havia uma separação clara entre filosofia e ciência, a qual só se tornou mais marcante a partir de pensadores como Francis Bacon e René Descartes. E, atualmente, assiste-se de algum modo a um novo turvamento dessas diferenças ou dessa separação, pelo caminho inverso. Se na Antiguidade a Filosofia englobava muito do que hoje se intitula Ciência, na contemporaneidade as descobertas científicas em torno do cérebro humano, e de como ele lida com questões como a compreensão, a linguagem, a ética e a estética, têm feito com que se proclame uma suposta superação ou inutilidade da filosofia, que teria seus últimos recantos finalmente dominados pela ciência.[24]

Em verdade, não se deve cogitar de uma superação da filosofia pela ciência apenas porque esta supostamente dispõe, agora, de meios para estudar objetos ou realidades que antes eram objeto apenas das especulações daquela. Ainda que tais abordagens sejam atualmente possíveis, como de fato têm sido, elas não se excluem.

23. Johannes Hessen. *Teoria do Conhecimento*. Trad. João Vergílio Gallerani Cuter. São Paulo: Martins Fontes, 2003, p. 10.

24. Para uma análise crítica desse ponto de vista, veja-se Adela Cortina. *Neuroética y Neuropolítica*, cit., p. 58 e ss.

É possível examinar os mesmos objetos, adotando em face deles *atitudes* diferentes, vale dizer, cientificamente ou filosoficamente. Caberá sempre à filosofia o papel de atender aos "três 'c's'", a saber, *clarificação, conexão* e *cautela.* A filosofia auxilia a ciência ao fornecer a estas ferramentas que permitam um maior esclarecimento a respeito do *significado* dos dados obtidos, da *relação* desses dados com outras informações oriundas de outras fontes ou ramos do conhecimento, e, principalmente, *cautela* sobre o que fazer com essas informações ou descobertas. Os cientistas que o afirmam estão, sem o saber, paradoxalmente, fazendo "filosofia", e não ciência.[25]

Finalmente, o conhecimento religioso caracteriza-se pelo seu aspecto *dogmático.* A relação entre o sujeito e o objeto não se dá por meio dos sentidos ou da razão, mas da *revelação.* Por esse motivo, não é ele passível de discussão racional, sendo antes uma questão de fé, razão pela qual não será examinado ou considerado nas demais partes deste livro.

2.5 RELEVÂNCIA DA ABERTURA, DO DEBATE E DO PLURALISMO NAS DISCUSSÕES CIENTÍFICA E FILOSÓFICA

Seja qual for a concepção de ciência e de filosofia adotada, o importante é que, admitindo-se a insuficiência da cognição humana, é inafastável a admissão, também, do caráter provisório e precário do conhecimento. Daí decorre a necessidade de, aquele que procura conhecer alguma coisa, adotar posição de humildade e abertura à crítica.

Relativamente ao conhecimento comum, ele se caracteriza por não ser autoquestionador; não por ter caráter dogmático, como ocorre com o religioso, mas por simplesmente caracterizar-se pela atitude acrítica e excessivamente pragmática. Já o conhecimento religioso é dogmático por natureza, podendo-se mesmo questionar a validade do uso da palavra "conhecimento" para designá-lo. Com exceção desses dois, porém, tanto o conhecimento filosófico quanto o científico têm na autocrítica, na provisoriedade e no caráter incompleto e retificável seus traços mais marcantes, dos quais decorre a necessi-

25. Justin Garson. *The Biological Mind.* A philosophical introduction. New York: Routledge, 2015, p. 12.

dade de o pesquisador adotar, sempre, uma postura de receptividade à possibilidade de estar errado.

Realmente, as insuficiências cognitivas destacadas anteriormente, notadamente ao longo do Capítulo 1 e do item 2.2, tornam desnecessário insistir, aqui, na importância da abertura das teorias e no caráter extremamente saudável da crítica.[26] Alguém que estuda as ideias de outra pessoa e com elas manifesta discordância não poderia dar maior manifestação de respeito acadêmico. Mostra que procurou conhecer as ideias do outro, e refletir sobre elas. Revela, ainda, que tais ideias *precisam* ser criticadas, seja porque quem as defende tem autoridade bastante para fazer com que prevaleçam de maneira não suficientemente refletida pelos demais, seja porque parecem realmente corretas. É preciso respeitar o interlocutor para ter o desejo de tirar-lhe do que se considera ser um erro,[27] motivo pelo qual a crítica deveria ser recebida com gratidão.[28] Não que, por isso, toda crítica deva ser sempre e imediatamente acatada. Evidentemente que não, sendo preciso preservar a *tensão essencial* a que se fez alusão no item 2.3.[29] Mas ela deve ser bem-vinda, pois, na pior das hipóteses, servirá para confirmar – por não ter conseguido falsear – a ideia até então tida como verdadeira; como aquela contestação na qual o réu, sem o querer, termina por reforçar, no julgador, a certeza de que o autor da demanda é quem tem razão.

Como salienta Karl Popper,[30] é a abertura à crítica que filtra a ciência de eventuais erros de percepção decorrentes de preconceitos ou ideologias presentes no pesquisador. Não se exige do pesquisador objetividade,[31] mas essa objetividade pode ser alcançada, de algum

26. Cf. Hugo de Brito Machado Segundo. *Por que Dogmática Jurídica?* Rio de Janeiro: Forense, 2008, passim.
27. Chaïm Perelman e Lucie Olbrechts-Tyteca. *Tratado da argumentação*: a nova retórica. Trad. Maria Ermantina Galvão. São Paulo: Martins Fontes, 2000, p. 18.
28. Karl Popper. *Em Busca de um mundo melhor*. Trad. Milton Camargo Mota. São Paulo: Martins Fontes, 2006, p. 273.
29. Thomas Kuhn. *A tensão essencial*..., cit., p. 242.
30. Karl Popper. *Em busca de um mundo melhor*, cit., p. 103-104.
31. Susan Haack (*Defending Science* – within reason. New York: Prometeus, 2003, p. 171) discorda de Popper nesse ponto, defendendo que o pesquisador pode, sim, tentar desvencilhar-se de seus valores e preconceitos, em busca de um resultado o mais objetivo possível em suas pesquisas. Não há dúvida, porém, de que a abertura à crítica é um poderoso instrumento de depuração, que funciona mesmo quando o pesquisador

modo, no conhecimento produzido pelos pesquisadores, caso o produto das descobertas ou das reflexões de cada um seja aberto à crítica pelos demais, processo que *depura* a ciência.

Tais aspectos, insista-se, não deveriam precisar ser aqui lembrados. Mas é necessário que o sejam, notadamente no âmbito jurídico, no qual a crítica ou a discordância por vezes é tomada como uma declaração de guerra e motivo para eterna inimizade. Paradoxal que pessoas que pretendem fazer *ciência* – e o repetem a todo instante em seus textos – ajam assim. Mas, se serve de consolo, pelo menos se sabe que essa característica não é exclusiva dos que estudam o Direito, ligando-se, talvez, à forma como o cérebro trata suas crenças em geral,[32] que faz com que críticas nem sempre sejam bem digeridas. São raros os que, como Lakatos e Feyerabend,[33] divergem frontalmente no plano das ideias, mas chegam a ser amigos no âmbito pessoal. Talvez por isso Kuhn se reporte ao progresso da ciência, no plano ôntico, como ocorrendo não paulatinamente, mas aos saltos, por meio de revoluções motivadas por quebras de paradigma, como já explicado (item 2.3),[34] e Bachelard refira-se ao caráter conservador do pesquisador na maturidade, mais preocupado em manter a todo custo suas ideias do que em eventualmente rediscuti-las.[35]

2.6 É POSSÍVEL FAZER AFIRMAÇÕES FALSEÁVEIS SOBRE NORMAS E SOBRE VALORES?

O que se disse nos itens anteriores teve como parâmetro, invariavelmente, a realidade empírica ou acessível por meio dos sentidos.

---

não consiga esse desprendimento, vez que suas ideias serão analisadas e criticadas por outros pensadores, que alimentam valores e preconceitos diferentes.

32. Michael Shermer. *Cérebro e crença*. Trad. Eliana Rocha. São Paulo: JSN, 2012, passim.
33. Veja-se, a propósito, o relato feito pelo próprio Feyerabend no prefácio de *Contra o Método*, livro escrito por provocação de Imre Lakatos, de quem discordava diametralmente em muitos pontos. Lakatos pediu a Feyerabend que publicasse seus "pensamentos estranhos", para que os pudesse rebater também por escrito, e, com isso, ambos poderiam "se divertir bastante". Cf. Paul Feyerabend. *Contra o método*. 2. ed. Trad. Cezar Augusto Mortari. São Paulo: Unesp, 2011, p. 7 a 9.
34. Thomas S. Kuhn. *A estrutura das revoluções científicas*, cit., passim.
35. Gaston Bachelard. *A formação do espírito científico*. Contribuição para uma psicanálise do conhecimento. Trad. Estela dos Santos Abreu. Rio de Janeiro: Contraponto, 1996, p. 19. Embora nem sempre seja assim, alguma frequência na verificação desse fato há de existir, tanto que levou à constatação de Kuhn e Bachelard. A História da Ciência é rica em exemplos.

Tratou-se, por outras palavras, de um conhecimento a respeito de realidades, às quais se tem acesso por meio dos sentidos, ou em torno das quais é possível fazer experimentos destinados a testar hipóteses formuladas – e possivelmente demonstrar a sua falsidade. Coloca-se, porém, a questão de se saber se isso seria possível, também, em relação a *normas*, que são realidades institucionais, e a *valores*. É possível construir-se um conhecimento falseável e, assim, de algum modo, científico, em torno de normas e de valores?

No que tange às normas, parece mais fácil a resposta afirmativa. Se alguém afirma, por exemplo, que a idade mínima para que se possa assumir o cargo de Ministro do Supremo Tribunal Federal é 30 anos, essa afirmação pode ser refutada, apontando-se o texto da Constituição Brasileira que exige, em seu art. 101, a idade mínima de 35 anos. Embora a norma jurídica em questão seja uma realidade institucional, diferente, por exemplo, de uma bactéria ou de uma rocha, a sua existência depende do atendimento a critérios pactuados intersubjetivamente, os quais não são arbitraria e subjetivamente estabelecidos por cada um dos que participam de uma discussão a seu respeito. Daí a possibilidade de se fazerem afirmações sobre normas, e de essas afirmações terem a sua falsidade demonstrada, ainda que isso não se dê da mesma forma como em relação a teorias construídas em torno de fatos da natureza, aspecto ao qual se retornará no Capítulo 3 desta obra.

Quanto aos valores, a possibilidade de um debate falibilista não parece tão simples. Como se sabe, a visão tradicional, de inspiração positivista, dá resposta negativa à pergunta. Valores seriam subjetivos, emocionais e, por isso mesmo, impossíveis de serem submetidos ao crivo da ciência, à qual caberia descrever as coisas como elas *são*, sem julgá-las, e não opinar a respeito de como elas *deveriam ser*. Importante pilar dessa visão de mundo reside na distinção entre juízos de fato e juízos de valor, e na impossibilidade destes serem extraídos daqueles, decorrentes da clássica alusão de David Hume à "falácia naturalista".[36] Por meio dos juízos de fato, objetivos, se descreve a realidade, como é. Por meio dos juízos de valor, se julga a realidade,

36. David Hume. *Tratado da natureza humana*. 2. ed. Trad. Débora Danowiski. São Paulo: Unesp, 2000, Livro 3, Parte 1, Seção 1, § 27, p. 509.

como boa ou ruim, a partir de um ideal de como ela deveria ser. O conhecimento científico seria composto dos primeiros, devendo evitar ou afastar, tanto quanto possível, os segundos, sendo certo que não é porque as coisas *são* de determinada maneira que se deve concluir, necessariamente, que elas *devem ser* dessa maneira.[37]

Apesar disso, talvez seja possível, sim, cogitar-se de um estudo dos valores, tanto sob um prisma filosófico, como também científico.

Do ponto de vista científico, viu-se no item 1.3 deste livro, a biologia, a neurociência e a teoria dos jogos têm apontado para uma origem natural e evolutiva dos sentimentos morais, sendo possível explicar empiricamente sua origem e sua forma de atuação. Esses estudos, se por um lado aproximam a ciência e a filosofia, mais uma vez tornando pouco nítidas as fronteiras que as separam, por outro paradoxalmente resgatam a importância de um enfoque filosófico para a questão, contrariando a suposta "superação" da filosofia pela ciência, brevemente comentada anteriormente (item 2.4). Afinal, poder-se-ia perguntar por qual razão o fato de os sentimentos morais terem origem biológica e darwiniana nos deveria impelir a alimentá-los e racionalizá-los, em vez de inibi-los ou eliminá-los.

Isso mostra que as abordagens científica e filosófica não precisam nem devem ser vistas como antagônicas ou excludentes. Elas se completam, cabendo à ciência um maior aprofundamento específico e empírico e à filosofia a especulação a respeito da razão de ser, dos fundamentos e do significado do que cientificamente se conhece. Mesmo quando uma mesma realidade seja estudada por cientistas e por filósofos, caberá sempre a estes últimos já referidos "três 'c's'": *clarificação, conexão* e *cautela.*[38]

Aliás, é o caso de recordar a natureza relativa e fluida dessas distinções. Um mesmo pesquisador e uma mesma pesquisa podem conter aspectos científicos e filosóficos, não havendo motivo para que se insista em uma delimitação estanque e absoluta. Estudos como os de Darwin, Newton, Einstein, Pasteur, dentre vários outros, conquanto "científicos", alteraram a visão de mundo até então dominante e tive-

37. Immanuel Kant. *Critique of Pure Reason*. Trad. Paul Guyer e Allen W. Wood. Cambridge: Cambridge University Press, 1998, p. 137.
38. Justin Garson. *The biological mind...*, cit., p. 12.

ram uma série de outras implicações autenticamente *filosóficas*, pelo que talvez não seja relevante, útil ou produtivo insistir nessa dicotomia.

Em face disso, pode-se dizer possível, sim, o estudo dos valores e a discussão a respeito deles, de forma aberta à crítica intersubjetiva. Existem, é certo, divergências em torno dos valores ou do que se considera correto, seja no âmbito das "moralidades positivas", assim entendidos os valores que de fato prevalecem em cada sociedade, seja no plano de uma "moralidade crítica", assim entendido um padrão universal de correção, à luz do qual tais moralidades positivas poderiam ser julgadas e criticadas. Isso, porém, por si só, não deveria ser causa para o abandono da discussão, no que tange aos valores que devem orientar a crítica e o aperfeiçoamento da realidade. Primeiro, porque divergências também há no âmbito das ciências supostamente mais descritivas e objetivas, como a física e a biologia, as quais tampouco servem de fundamento para a defesa do relativismo nessas áreas.[39] A par de desacordos irrazoáveis, como o dos que negam a seleção natural e afirmam serem os fósseis o registro dos animais que não lograram êxito em subir na Arca de Noé, há mesmo desacordos fundados e atualmente não solúveis, como entre os teóricos da física em torno de questões fundamentais na compreensão do universo. E isso não é motivo para que tais disciplinas sejam consideradas inferiores, subjetivas ou impossíveis de serem debatidas.[40] Questões morais não são equivalentes a meros gostos pessoais, tanto que se apresentam *razões* para a defesa de pontos de vista diversos.[41] Além disso, o fato de haver divergência quanto à solução *ideal* para certos problemas não significa que igual dificuldade se coloque para todo tipo de dilema moral. A falta de consenso sobre uma solução ideal não impede que se resolvam situações em relação às quais há acordo quanto à necessidade de serem corrigidas.[42] Podem ser discutidas, portanto, de forma aberta e falibilista, com apoio em dados empíricos e experimentais, mas, independentemente deles, de forma científica. Voltar-se-á ao tema, por isso mesmo, no item 3.3 deste livro.

---

39. Karl Popper. *O Mito do contexto*. Em defesa da ciência e da racionalidade. Trad. Paula Taipas. Lisboa: Edições 70, 2009, p. 91.
40. Aaron Zimmerman. *Moral Epistemology*. New York: Routledge, 2010, p. 100; Folke Tersman. *Moral Disagreement*. New York: Cambridge University Press, 2006, p. xi.
41. Piers Benn. *Ethics*. London: UCL, 1998, p. 5.
42. Amartya Sen. *The Idea of Justice*. Cambridge: Massachusetts, Harvard University Press, 2009, p. 104 e ss.; Steven Lukes. *Moral relativism*. New York: Picador, 2008, p. 154.

CAPÍTULO 3
EPISTEMOLOGIA JURÍDICA

3.1 O Direito enquanto objeto da cognição e as várias formas de estudá-lo. 3.2 Conhecimento e normas jurídicas. 3.2.1 Aspectos gerais às várias ordens jurídicas. 3.2.2 Estudo de um ordenamento específico ou de parte dele. 3.2.2.1 Critérios para a aferição da correção do que se diz sobre as normas e a competência do Judiciário para dar a "palavra final" sobre litígios. 3.2.3 Componente normativo, simplificação e complexidade. 3.3 Conhecimento e valores no Direito. 3.4 Conhecimento do Direito e realidade factual. 3.4.1 Conhecimento do fato necessário à correta interpretação da norma. 3.4.2 Possibilidade de múltiplos estudos empíricos no âmbito do Direito. 3.4.2.1 Ameaça de punição e fundamentos de uma ordem jurídica. 3.4.2.2 Formação de convicções e importância do pluralismo. 3.4.2.3 Emoções, economia comportamental e decisões judiciais. 3.4.3 Conhecimento do fato necessário à incidência da norma.

As premissas traçadas nos dois capítulos anteriores permitirão, neste capítulo, que se examinem as possibilidades de conhecimento do Direito, bem como as contribuições que a Epistemologia pode oferecer à compreensão do fenômeno jurídico em suas múltiplas dimensões.

3.1 O DIREITO ENQUANTO OBJETO DA COGNIÇÃO E AS VÁRIAS FORMAS DE ESTUDÁ-LO

As divergências em torno do estudo do Direito começam pela própria identificação do objeto ou, por outras palavras, da parcela da realidade a ser designada pela palavra "Direito", que, como se sabe, tem diversos significados. Mesmo se se abstraírem significados ligados a realidades correlatas (*v.g.* João é um menino direito, ou Maria dirigia pelo lado direito da rua), concentrando-se no chamado "Direito Positivo", surgem dificuldades na identificação do que se está a designar: um conjunto de normas? Decisões judiciais? A forma como as pessoas de fato se conduzem e se comportam, independentemente do que dispõem as normas oficialmente editadas pelo Estado?

Mais importante do que a disputa sobre qual dessas realidades merece o rótulo de "Direito" parece ser a constatação da existência de todas elas, a verificação de suas características e das relações que mutuamente estabelecem entre si; e a percepção de que podem ser objeto de estudo, tanto científico quanto filosófico, tendo em vista que o que caracteriza um estudo como científico ou filosófico não é o seu objeto, mas a *atitude* adotada pelo pesquisador diante desse mesmo objeto (ver item 2.4). Entretanto, é importante que se tenha consciência de que a palavra "Direito" pode ser usada para designar mencionadas realidades – diferentes, mas relacionadas – para se evitarem divergências, que a rigor são falsas ou apenas aparentes, visto que decorrem da circunstância de que as pessoas que divergem cuidaram de coisas diversas rotuladas com o mesmo nome.[1]

Existe, em toda sociedade humana, um sistema de normas que disciplina a conduta dos que a integram, compartindo sua liberdade de modo a tornar viável a vida em comunidade. Esse sistema pode ser verificado, de forma muito rudimentar, em grupos de animais, como explicado anteriormente (item 1.4); e, mesmo em comunidades humanas, em alguns casos, pode confundir-se com sistemas de normas morais e religiosas, mas, nas sociedades contemporâneas, costuma diferenciar-se dos demais sistemas, com os quais se relaciona, pela circunstância de regular sua própria constituição.

Por outras palavras, o traço característico de um sistema jurídico é o de que ele é dotado de normas secundárias, assim entendidas aquelas que dispõem a respeito do funcionamento do próprio sistema,

1. De forma caricaturesca, duas pessoas que discutem se o Direito é um conjunto de normas oficialmente editado pelo Estado, ou se consiste na verdade nas "decisões que as aplicam", envolvem-se em polêmica semelhante àquelas duas que divergem sobre se o "churrasco" é um conjunto de pedaços de carne (e linguiça, costela etc.) devidamente assados, ou se é "na verdade" o ato ou a ação de assá-los, ou, ainda, o encontro social no âmbito do qual isso ocorre e a carne é consumida. Afinal, as pessoas tanto dizem que "comeram o churrasco" como que "conheceram uma pessoa interessante no churrasco". A divergência está muito mais em saber qual a melhor utilização da palavra, do que na identificação das duas ou mais realidades às quais ela pode dizer respeito.

determinando como outras normas devem ser criadas, interpretadas, aplicadas ou mesmo excluídas da ordem jurídica.[2]

As normas jurídicas, como é sabido, são feitas à luz da valoração de fatos. A conduta humana é objeto de valoração, sendo assim considerada desejável, reprovável ou necessária, dando origem à edição de normas destinadas a torná-la facultada, proibida ou obrigatória. Não importa se essas normas são editadas por um soberano, por um parlamento, ou são fruto do costume: em qualquer caso elas decorrem de fatos aos quais se atribuíram valores (sendo, portanto, considerados bons ou ruins, dignos de serem repetidos ou evitados). O fenômeno jurídico, portanto, pode ser examinado em seu componente normativo, mas também se pode dar maior atenção aos seus aspectos factuais e axiológicos, permitindo assim abordagens sociológicas, históricas, psicológicas ou filosóficas da mesma realidade multidimensional. Pode-se ainda examinar sua História, sua relação com outros sistemas sociais, sua estrutura lógico-formal, ou o conteúdo específico de segmentos dele (Penal, Civil, Processual etc.).

Para que se compreendam as diversas abordagens possíveis em torno do Direito enquanto fenômeno natural e cultural humano, talvez seja de alguma ajuda estabelecer paralelo com a música, também uma realidade institucional, criada pelo homem mas de algum modo observável, de maneira rudimentar, em outros animais, sujeita a variações culturais mas paradoxalmente presente em todas as culturas a partir de elementos comuns a todas elas.

É possível estudar a História da Música. Seu surgimento nas primeiras comunidades humanas, suas manifestações na Antiguidade, na Idade Média, as influências, as transformações e as ramificações havidas até os dias de hoje. Mas é igualmente viável dedicar-se à análise da Teoria Musical, das notas e da forma de expressá-las em uma partitura, sob um ponto de vista meramente formal. Por igual, faz-se possível o exame das várias manifestações musicais existentes na contemporaneidade, das mais eruditas às mais populares, ou da forma como a música pode servir como instrumento de influência de uma cultura sobre outras, e assim por diante.

2. Herbert L. A. Hart. *O conceito de direito*. Trad. A. Ribeiro Mendes. 3. ed. Lisboa, Calouste Gulbenkian, 2001, p. 101 e ss.

No que tange ao estudo do Direito, a chamada "Teoria Geral do Direito", que se ocupa de conceitos formais como o de "norma jurídica", "incidência", "aplicação", "ordenamento", seria análoga ao estudo da Teoria Musical, relativamente à análise de figuras como harmonia, melodia e ritmo, notas musicais e forma de expressá-las etc., estudo que independe da música (conteúdo) de que se está a cogitar. E, da mesma forma, pode-se estudar este ou aquele ordenamento jurídico, ou a história dos vários ordenamentos ao longo dos séculos, a influência de uns sobre outros etc.

Nos itens seguintes, examinar-se-á como esse estudo pode ocorrer, à luz das premissas traçadas nos dois capítulos anteriores, no que diz respeito aos aspectos normativo, factual e axiológico do fenômeno jurídico. Procurar-se-á, em suma, indicar as vantagens de se adotar um raciocínio *falibilista* no estudo de normas, fatos e valores relacionados ao Direito. Sem maior preocupação com rótulos, não se dedicarão muitas linhas à questão de saber se tal estudo seria científico, ou filosófico. O que importa é que, sendo ele falibilista e aberto à crítica intersubjetiva, incrementam-se as suas possibilidades de aperfeiçoamento e correção, com a constante possibilidade de se substituírem teorias, explicações e soluções por outras *melhores*.

3.2 CONHECIMENTO E NORMAS JURÍDICAS

Quando se cogita de um estudo do Direito visto a partir do sistema de normas através das quais ele se expressa ou exprime, é preciso lembrar, de início, que as normas são realidade institucional. Não se trata de um micróbio, ou de uma substância química, cuja existência independe de sujeitos que os observem, ou, *a fortiori*, de um acordo entre tais sujeitos a respeito de sua constituição. Esse dado é relevante na determinação de como elas, as normas, podem ser objeto de conhecimento.

No caso de um biólogo, que elabora uma teoria a respeito da forma como se reproduzem determinadas bactérias, sua teoria pode ser objeto de *falseamento* desde que outros cientistas possam demonstrar que as tais bactérias não se reproduzem da forma indicada, mas sim de outra. Enquanto essa demonstração não ocorre, estando razoavelmente fundamentada a teoria do citado biólogo, ela pode ser considerada verdadeira, ao menos provisoriamente. O mesmo vale para médicos, químicos e físicos.

Seria possível, porém, dizer-se algo semelhante dos que se ocupam de normas jurídicas? Como as afirmações de um estudioso das normas de determinado ordenamento poderiam ser *falseadas*?

3.2.1 Aspectos gerais às várias ordens jurídicas

Na verdade, o estudo do Direito, sob um prisma normativo, pode ser feito também de várias formas. Uma delas se ocupa do que os vários sistemas jurídicos têm em comum, notadamente no que tange à sua estrutura lógica. Desenvolve-se, assim, aprofundado estudo sobre o ordenamento jurídico, sobre a norma jurídica e sua estrutura, características etc., dentro do que se convencionou chamar de "Teoria Geral do Direito". Nesse terreno, teorias a respeito dos fundamentos da ordem jurídica, ou da distinção entre espécies de normas, por exemplo, são passíveis de debate crítico, com uma mínima objetividade, ou intersubjetividade, sendo permitido falar-se em falseabilidade, na formação de "paradigmas" usualmente não questionados etc., da mesma forma como em qualquer outra ciência.

Alguém poderia objetar essas ideias, é certo, com a afirmação de que há, por vezes, desacordos insolúveis, em torno dos quais os partidários de uma e de outra corrente antagônica têm dificuldade ou mesmo impossibilidade de debate. Embora isso, de fato, eventualmente ocorra, não se tem aí um motivo para desacreditar a viabilidade dessa abordagem do fenômeno jurídico. Afinal, desacordos dessa ordem existem mesmo no âmbito de setores do conhecimento supostamente mais objetivos, porquanto voltados a parcelas mais "brutas" e menos "institucionais" da realidade, como a física ou a biologia. O importante é que, em tese, seja possível discutir a respeito deles, ainda que isso requeira um grande esforço por parte do pesquisador, esforço esse que nem todos conseguem realizar. O mesmo vale, convém notar, para outras formas de abordagem do fenômeno jurídico, sejam elas relacionadas a setores específicos de um ordenamento jurídico, sejam voltadas à resolução de casos concretos determinados, ou pertinentes a aspectos axiológicos e valorativos, conforme será visto a seguir.

O importante é notar que, quando alguém formula uma teoria para explicar a formação, a organização e o funcionamento dos sistemas jurídicos, essa teoria pode, à luz da observação de como os sistemas jurídicos se formam, se organizam e funcionam, ser falseada ou, até que isso não ocorra, considerada verdadeira. Pode acontecer, naturalmente, de os formuladores da teoria, ou seus discípulos, não aceitarem a objeção, ignorando-a em um primeiro momento, ou realizando adaptações à teoria para que sobreviva à crítica, quando esta se tornar impossível de ser tangenciada, de forma igual ou muito semelhante à descrita por Kuhn (veja-se o item 2.3). Não se estará diante, contudo, mais uma vez, de uma particularidade das teorias jurídicas, visto que igual comportamento pode ser observado relativamente a outras áreas do conhecimento.

A aplicação do raciocínio falibilista, portanto, é viável, seja no âmbito da Teoria Geral do Direito, seja no âmbito de qualquer outro estudo – *v.g.*, sociológico ou filosófico – do fenômeno jurídico, visto de forma geral. É sempre importante ter em mente que uma formulação teórica, seja ela qual for, pode possuir falhas e incompletudes, sendo preciso manter uma posição aberta para críticas que eventualmente sejam capazes de apontar essas deficiências e auxiliar em sua correção ou na própria superação da teoria por outra melhor, assim entendida porque dotada de menos incongruências, embora também imperfeita.

3.2.2 Estudo de um ordenamento específico ou de parte dele

Pode-se questionar, contudo, se o que foi explicado no item anterior seria pertinente também quanto ao estudo de questões específicas, ligadas a ordenamentos jurídicos determinados. Seria viável, por exemplo, falar-se em um estudo "científico", porquanto falibilista, de uma questão de Direito Civil ou de Direito Processual Penal? Seria ele composto da descrição "falseável" das normas vigentes a respeito de determinada questão?

Parece claro que sim, que é possível um estudo falibilista do Direito, no que tange também ao significado de normas jurídicas específicas, sejam elas referentes ao Direito Penal, Civil, Processual etc. É preciso, contudo, fazer algumas observações importantes.

Primeiro, note-se que normas, diferentemente de seres vivos, minerais, corpos celestes ou elementos químicos, são realidades puramente institucionais. Ou, se se considerar, como talvez seja o mais acertado, que existem *graus* de institucionalização, não tendo o ser humano acesso direto a nenhum fato bruto, de forma pura, deve-se admitir que, no que tange às normas jurídicas, o seu grau de institucionalização é significativamente maior. Diversamente de astros, minerais ou seres vivos, elas sequer existem se não houver quem as reconheça enquanto tal. Isso faz com que a sua "objetividade", conquanto possível, se dê a partir de critérios um tanto diferentes, relacionados à intersubjetividade. Pode-se, assim, falar em objetividade epistêmica, mas não em objetividade ontológica.

Objetividade ontológica é a propriedade daquilo que existe independentemente de uma experiência subjetiva, ou seja, independentemente de um observador. É o caso de uma montanha ou de uma praia. Opõe-se àquilo que é ontologicamente subjetivo por ter a existência dependente de um sujeito observador. Nesse sentido ontológico, é subjetiva a existência de uma cédula de 20 reais, pois sem sujeitos que atribuam esse significado a um pedaço de papel com certas características, ele não será assim considerado. Já a objetividade e a subjetividade epistêmicas são propriedades das afirmações. A afirmação de que as obras de Goya são mais bonitas que as de Picasso tem sua procedência a depender das preferências de quem a faz e de quem a interpreta. É subjetiva do ponto de vista epistêmico. Não é o que acontece com a afirmação de que Diego Velásquez foi um pintor espanhol, que é epistemicamente objetiva vez que sua veracidade pode ser aferida independentemente das preferências de quem a faz ou ouve ou lê.[3]

Para que um químico possa falsear uma afirmação feita por outro químico, é preciso que ele a compare com os dados do mundo empírico aos quais ela se refere, realizando novas experiências que eventualmente contradigam as expectativas decorrentes da teoria a ser testada, ou de algum modo se mostrem incompatíveis com ela. Em relação a normas, como isso funcionaria? De rigor, o fato de os

3. Veja-se, a propósito: John R. Searle. *Libertad y Neurobiología*. Trad. Miguel Candel. Barcelona: Paidós, 2005, p. 92-93.

critérios para aferição da possível falsidade das afirmações serem eventualmente distintos não significa que isso não seja possível, vale dizer, não conduz à conclusão de que a falseabilidade não exista.

Quando se discute a respeito de realidades institucionais, é preciso recorrer aos critérios que definem a *constituição* dessas realidades. Se alguém faz uma afirmação quanto a um fato bruto, por exemplo, "a terra é plana", essa afirmação pode ser falseada, ou pelo menos posta em dúvida, pela constatação de que a sombra de duas torres, com igual altitude mas situadas em diferentes cidades, tem comprimento distinto à mesma hora do dia. Em relação às realidades institucionais, tais afirmações, para serem falseadas, demandam que se examinem, como dito, os critérios de constituição de tais realidades.

Desse modo, se alguém afirma que a média de gols dos jogos do campeonato brasileiro de futebol é maior entre os times da primeira divisão que entre os times da terceira divisão, essa afirmação pode, sim, ser objetivamente testada e eventualmente demonstrada a sua falsidade, desde que se tenha atenção para os critérios que definem o que se deve entender por "gol", por "primeira divisão", por "terceira divisão", e assim por diante. Embora tais entidades (gols, divisões etc.) sejam realidades puramente institucionais, é possível, sem dúvida, fazerem-se afirmações epistemicamente objetivas a respeito delas. Da mesma forma, um debate em torno do caráter irônico de uma afirmação deve partir dos critérios usados para se definir a ironia e sua configuração. O mesmo ocorre com qualquer outra realidade institucional, inclusive com as normas jurídicas.

Assim, no que tange ao Direito, quando este se exprime a partir de textos, é factível um debate, partindo dos critérios usados para definir o sentido desses textos, critérios em face dos quais será possível efetivamente atribuir sentidos a tais textos, e esses sentidos poderão ser criticados, buscando-se outros melhores. É viável, reconheça-se, também um debate falibilista sobre como esses textos devem ser escritos, ou sobre qual conteúdo eles *deveriam* ter. Mas, mesmo em uma discussão voltada ao direito posto, é possível um debate falibilista (e, por isso mesmo, não "dogmático") a respeito do sentido que os textos que o exprimem têm, debate que torna *insuprimível* a consideração dos fatos aos quais se aplicam e das finalidades que com eles se pretendem preservar ou alcançar.

De rigor, textos normativos não têm sentido algum, se desvinculados de uma situação de fato a que se apliquem, ainda que imaginária, em face da qual se lhes possa *atribuir* um sentido. Aliás, isso não vale apenas para textos normativos, mas para quaisquer realidades às quais se cogite atribuir sentido artificial.[4] A letra "A", por exemplo, terá um sentido se impressa em uma embalagem de leite e outro sentido bem diferente, em uma bolsa de armazenagem de sangue humano em um banco de sangue.

Por isso, o raciocínio falibilista pode ser empregado, na interpretação de textos normativos, na medida em que o sentido a ser atribuído a um desses textos parecerá inicialmente ser um, mas a convicção a esse respeito jamais será definitiva ou imodificável. Será, em verdade, *falseável*, porquanto a consideração de outros textos que com aquele se relacionam, ou de novas particularidades fáticas, será eventualmente capaz de retificar ou mesmo afastar esse sentido inicialmente atribuído. Não é por outra razão que se diz que a suposta clareza de um texto normativo examinado "em tese" decorre, muito mais, da falta de imaginação ou de criatividade de quem o estuda, pois é sempre possível cogitar de situações, inicialmente não pensadas, nas quais aquele sentido inicialmente tido como "claro" pode não o parecer tanto assim.[5]

Veja-se que isso não significa que o texto tenha "um sentido correto", abstratamente considerado, e que quanto mais se pensem em situações complexas mais se faça uma aproximação desse sentido. Na verdade, o sentido do texto é atribuído pelos que o interpretam, e ele não só pode variar como efetivamente varia em função das particularidades de cada contexto em que é invocado. O que se está a dizer, de rigor, é que essas particularidades nunca são inteiramente

4. Já se tratou brevemente, no item 1.3 deste livro, da distinção entre sentido natural e sentido artificial. O primeiro está presente, por exemplo, quando alguém interpreta o chão molhado na rua, de manhã cedo, como indicativo de que choveu durante a noite anterior. Esse tipo de interpretação também os animais fazem. Já o sentido artificial é aquele decorrente de puro pacto intersubjetivo, quando dois seres pensantes combinam que, *entre eles*, o símbolo "x", no contexto "y", significará "z". Como ocorre com praticamente todas as realidades, também entre essas duas inexiste divisão ou separação estanque, mas uma gradual zona cinzenta, inclusive no que tange à capacidade de outros animais lidarem com os sentidos ditos artificiais.

5. Chaïm Perelman. *Lógica Jurídica*. Trad. Vergínia K. Pupi, São Paulo: Martins Fontes, 2000, p. 51.

conhecidas, assim como nunca são inteiramente conhecidos todos os demais textos, valores, implicações etc. que podem interferir nesse processo de atribuição de sentido. Mas é sempre possível, à luz de novas considerações de tais fatores, proceder-se à crítica e à eventual refutação de interpretações inicialmente tidas como corretas. Embora de forma ligeiramente diferente daquela como as coisas acontecem no âmbito da física, por exemplo, não deixa de haver, com isso, a aplicação do raciocínio falibilista, pois se tem uma realidade mais ampla e complexa do que a humana capacidade de compreendê-la, o que impõe a adoção de atitude aberta à crítica e à possibilidade de se estar errado.

Mais uma vez, assim como no que tange às suas crenças quanto à realidade empírica, também quanto ao sentido de textos, sejam eles normativos ou não, o cérebro humano aplica raciocínio falibilista, ou derrotável, atribuindo sentidos preliminarmente, os quais são tidos por corretos até que outros se mostrem mais adequados. Veja-se, por exemplo, a frase:

– Ela não tem nada na cabeça.

A depender de experiências prévias e da situação em que se encontra o leitor, ele pode imaginar que com a frase acima se faz alusão a uma mulher alienada, ignorante ou carente de ideias. Mas se se adiciona a informação – nesse caso "extratextual",[6] porquanto externa ao texto interpretado – de que a frase é dita ao final de um exame de ressonância magnética, feita em mulher que sentia fortes dores de cabeça que a faziam temer a presença de um tumor em seu cérebro, à mesma frase se deverá atribuir sentido completamente diferente, ligado ao fato de não se haver encontrado nenhuma formação anômala que pudesse estar causando a referida dor.

Nesse primeiro exemplo houve uma mudança completa do contexto de utilização da frase, implicando, por igual, atribuição a ela de sentidos também muito diferentes. Há casos, porém, em que o sentido de uma determinada proposição, alusiva a uma situação

6. Sobre o que se considera "textual" e "extratextual", à luz da propagada ideia de que tudo seria linguagem (e, portanto, texto), veja-se Hugo de Brito Machado Segundo. Epistemologia falibilista e Teoria do Direito. *Revista do Instituto do Direito Brasileiro*. v. 1-2014. Lisboa: Universidade de Lisboa, 2014.

de fato, modifica-se apenas pela adição, a esse mesmo contexto, de um elemento novo. E por elemento novo, entenda-se, pode-se estar fazendo referência a um detalhe presente desde o início, mas *despercebido*; ou pode-se estar aludindo a uma pequena variação na situação de fato inicialmente pensada, capaz de mudar o sentido do texto a ela referente. É por isso que, quando se discute a interpretação de textos normativos, cogita-se de sentido "em tese" e sentido "depois de tudo considerado" ("all things considered").

Em verdade, há graus de interpretação, ou graus através dos quais a mente humana interpreta a realidade ao seu redor, atribuindo-lhe sentido. E se as realidades institucionais são o sentido atribuído a realidades brutas (ou a outras realidades institucionais, de menor grau de institucionalização, porquanto não se tem acesso à realidade bruta "tal como ela é"), pode-se dizer que, assim como a interpretação se processa em graus, as realidades institucionais existem também em graus, ou em estratos, visto que se usam realidades institucionais (*v.g.*, letras) para se criarem outras realidades institucionais (*v.g.*, palavras), e, com estas, ainda outras (*v.g.*, frases), e assim por diante (criando-se, p. ex., com as palavras, poesias, normas, teorias etc.).

Nessa gradual e escalonada criação de realidades institucionais, a partir de outras realidades institucionais, uma série de fatores atuam para que se atribuam determinados sentidos às realidades interpretadas, os quais são considerados corretos *até que se constate o contrário*. Vale dizer, de maneira falibilista. Daí por que essa forma de raciocínio é passível de aplicação, por igual, ao estudo ou ao conhecimento de realidades institucionais, como é o caso das normas jurídicas.

Quando um ser humano vê ou ouve uma palavra, seu cérebro, que está constantemente a simular internamente a realidade a seu redor (criando uma "imagem" dela), tem ativados os mesmos circuitos que seriam ativados caso estivesse diante do objeto por ela descrito ou caso estivesse a desempenhar a ação por ela referida. Se alguém ouve a palavra "fusca amarelo", seu cérebro tem disparadas as mesmas zonas – só que de forma mais fraca – que seriam ativadas caso o tal fusca amarelo tivesse sido avistado. É por isso que, à luz da mesma palavra, diferentes pessoas atribuem significados ligeiramente distintos, pois suas experiências passadas com o objeto ou com o ato designado pela tal palavra nunca serão inteiramente idênticas.[7] Daí a inafastável existência de alguma divergência no processo interpretativo, a envolver, sempre, alguma criação, a qual, contudo, não se dá de forma livre e a partir do vazio, sendo em verdade guiada por parâmetros prévios.

Desse modo, embora correto, de alguma maneira, é muito simplista dizer-se que a norma é resultado da interpretação de um texto, sendo, em verdade, criada não pelo legislador, mas pelo intérprete aplicador desse texto à luz do caso concreto a ser por meio dela solucionado ou disciplinado. A identificação de um conjunto de pontos na tela de um computador – ou de tinta em um pedaço de papel – como uma letra, e de um conjunto de letras como uma palavra, e de um conjunto de palavras como uma frase e assim por diante, até que se tenha um "texto", é, também, trabalho do intérprete. Quando se afirma que é preciso diferenciar "texto" e "norma", e que esta última seria obra do intérprete, fala-se como se o texto fosse uma realidade bruta, encontrável na natureza da mesma maneira que um mineral ou uma espécie vegetal, e como se a constituição da norma, enquanto realidade institucional, a partir do texto, ocorresse como que por meio de um salto ou de uma única etapa, operada pelo intérprete.[8]

Na verdade, é preciso deixar claro, nesse debate, o que se espera ou exige de quem examina um texto normativo. Se ele estiver apenas procurando conhecer o sistema de normas que vigora, em tese, em

7. Veja-se, a propósito: Benjamin Bergen. *Louder than Words*. The new science of how the mind makes meaning. New York: Perseus, 2012, para quem "when we hear or read about objects, we mentally simulate them from the perspective of someone actually experiencing the scene" (p. 77).

8. Precisamente por isso, é equivocada a afirmação de que regras jurídicas não podem ser ponderadas, havendo, em verdade, apenas exceções implícitas à regra geral, a serem descobertas pelo intérprete, sendo a defesa da tese contrária fruto de uma confusão entre texto e norma (cf. Virgílio Afonso da Silva. Princípios e regras: mitos e equívocos acerca de uma distinção. *Revista Latino-Americana de Estudos Constitucionais*, n. 1, jan.-jun. 2003). Na verdade, é possível construir, em tese, a partir de um texto, uma regra aplicável à generalidade das situações nela previstas; caso, diante de situação peculiar, uma exceção implícita se imponha, isso será fruto da ponderação dessa regra, que não pode ser confundida com aquela aplicada ao caso depois de tudo considerado. Do contrário, aliás, não existiriam princípios jurídicos, pois no caso concreto, depois de tudo considerado, só se aplicam regras. É apenas em um plano "em tese", antes de se considerarem todos os elementos do caso, que existem regras ponderáveis e é apenas nesse plano, também, que existem princípios jurídicos.

determinado lugar, extrairá dos "textos" que veiculam tais normas o sentido deles "em tese", à luz de casos concretos, imaginários e normais, ou usuais, regulares, em face dos quais tais normas foram editadas. Mas é possível que do intérprete se espere a equação de um conflito, em uma situação concreta, com a aplicação das aludidas normas. Nessa hipótese, é possível que aquela norma considerada "em tese" seja vista de uma maneira um pouco diferente, à luz das particularidades do caso, depois de se levarem em conta todas as variáveis e todos os fatores que influenciam nessa determinação de sentido.[9]

3.2.2.1 *Critérios para a aferição da correção do que se diz sobre as normas e a competência do Judiciário para dar a "palavra final" sobre litígios*

Uma importante objeção que pode ser feita à "cientificidade" de um estudo do Direito, entendido enquanto sistema de normas, quando o seu objeto é o ordenamento jurídico de determinada sociedade, ou parcela dele, diz respeito ao papel do Poder Judiciário em geral, e ao seu órgão de última instância em particular, na determinação da "verdade" quanto às discussões a respeito de tais normas. Aliás, a objeção pode ser dirigida não só à determinação da verdade quanto ao componente normativo do Direito (qual o sentido de determinado artigo da Constituição, por exemplo), mas também quanto aos componentes fáticos e axiológicos, imbricados ao normativo.

Uma divergência entre biólogos, por exemplo, ou entre astrônomos, não é resolvida pelo pronunciamento de uma autoridade constituída em torno do assunto, que profere a palavra final e encerra a discussão. Até pode acontecer de discussões ou debates serem encerrados provisoriamente por respeito ou temor a uma autoridade, mas isso não impedirá que se continue investigando o assunto, ali ou em outro lugar. No caso do estudo do direito positivo, por vezes teorias são afastadas porque "a jurisprudência já se formou em sentido contrário", o que talvez sugira um comportamento diverso do próprio

9. Para outras aplicações do raciocínio falibilista no âmbito jurídico, veja-se Henry Prakken e Giovanni Sartor. *The three Faces of Defeasibility in the Law*. Disponível em: www.cs.uu.nl/groups/IS/archive/henry/ratiojuris03.pdf. Acesso em: 12 abr. 2013.

objeto que se está a estudar, e da forma como ele pode ser conhecido e tratado. Essa particularidade serviria, como dito, até mesmo como objeção à "cientificidade" de um estudo assim. Até seria científico o estudo que, no plano da Teoria Geral do Direito, descrevesse o funcionamento do sistema jurídico e o papel dos tribunais em sua formação e em seu aperfeiçoamento, mas não um estudo que, no campo de um ramo específico do direito positivo, defenda esta ou aquela intepretação para determinada disposição normativa.

A objeção merece atenção, mas não é procedente. Não que os órgãos do Judiciário em geral, e o Supremo Tribunal Federal, em particular, não tenham o papel de decidir questões que lhe são submetidas e, nesse sentido, tenham sobre elas a palavra final. Apenas isso não retira o caráter científico da pesquisa que se faz a respeito do assunto. O fato de, por razões práticas, ser necessário dar a certos problemas concretos uma resposta, não significa que as teses ou teorias em análise não possam ser discutidas e pesquisadas posteriormente, ainda que para o enfrentamento de outros problemas que venham a surgir depois, passíveis de serem solucionados da mesma forma já definida pela jurisprudência ou de outra que lhe substitua ou aperfeiçoe. A "correção" em relação a questões ligadas ao conhecimento de normas jurídicas, portanto, há de ser determinada, para fins práticos, para resolver um conflito específico, pela autoridade para tanto constituída, mas isso não significa que ela seja por isso subtraída, a partir de então, do debate falibilista. A outros casos semelhantes, no futuro, talvez seja adequado dar solução diversa, se para isso forem apontadas *razões* suficientes.

Como examinado no Capítulo 1, a imperfeição do conhecimento humano faz com que nunca se tenha a certeza, fora de qualquer dúvida possível, de se ter alcançado a verdade a respeito de uma questão, e a forma mais adequada de se lidar com o *risco de estar errado*, diante disso, é a adoção do raciocínio falibilista. O ser humano precisa agir, e não é possível ficar parado, aguardando uma certeza inabalável, para só depois iniciar qualquer ação. As necessidades são atendidas e as ações a tanto necessárias são tomadas, *até que se afastem as convicções que razoavelmente as fundamentam*. Se alguém tem sede e deseja beber água, tendo em sua frente um copo contendo um líquido transparente trazido por um amigo a pedido seu, parecerá razoável a esse sujeito supor tratar-se de água, bebendo-a. Não será o caso, por óbvio, de proceder a infinitos exames destinados a ter absoluta certeza sobre ser mesmo água, para só depois bebê-la. Mas se, ao segurar o copo e aproximá-lo do rosto, for sentido odor forte de álcool, por exemplo, ou constatar-se uma temperatura muito elevada, a ação poderá ser interrompida. Obtidos elementos que conduzam a uma convicção razoável de que determinada crença é verdadeira, o sujeito age baseado nela, mantendo-se aberto à possibilidade de ela estar errada, hipótese na qual poderá abandonar a crença e a conduta nela fundada, comportando-se diversamente.

No caso do processo judicial, dá-se o mesmo que na generalidade das questões em que o ser humano se vê diante da impossibilidade de se obter certeza absoluta em torno de um assunto *como condição para que aja a respeito*. Como os juízes não são Hércules,[10] não seria razoável exigir deles que aguardassem até que se obtivesse a melhor versão possível dos fatos, o mais ponderado debate a respeito dos valores subjacentes e a mais perfeita interpretação das normas correspondentes, para só depois julgar, pois isso os levaria a não julgar jamais questão alguma. Mas, como por razões práticas o caso precisa ser julgado, isso se dá o mais corretamente *possível*, e nada impede que as pesquisas, os debates e as discussões em torno daquelas mesmas questões, ou de questões análogas, continuem permitindo talvez decisões mais adequadas no futuro.

Isso não ocorre apenas em relação ao Direito ou às ações humanas cotidianas. A busca pela certeza a respeito da verdade das nossas crenças, que é interminável, deve ser conciliada com a necessidade prática de se tomarem decisões baseadas nelas, nas mais variadas órbitas da vida humana. Imagine-se, por hipótese, que um sujeito acometido de determinado tipo de câncer procure auxílio médico. A doença está a avançar e o tratamento precisa ser feito com urgência.

10. Como se sabe, o "Juiz Hércules" é uma figura imaginada por Dworkin, que evidentemente não existe no mundo real. Trata-se de um juiz capaz de conhecer todas as particularidades de um caso e todas as implicações, relações e argumentos pertinentes à situação por ele julgada. Um juiz assim, para Dworkin, seria capaz de encontrar a solução correta para o caso que se lhe apresentasse. A figura serve para mostrar que a solução correta existe, embora muitas vezes seja humanamente impossível saber se ela foi alcançada. Veja-se, a propósito, Ronald Dworkin. *Levando os direitos a sério*. Trad. Nelson Boeira. São Paulo: Martins Fontes, 2002, p. 203.

Nesse contexto, o médico não poderia dizer ao paciente para esperar até que surja o tratamento perfeito, pois a doença levará o paciente à morte antes de esse tratamento ser obtido, se é que algum dia ele o será. O paciente deverá ser cuidado com o melhor tratamento que estiver à disposição no momento, o que não impedirá que se siga na procura por tratamentos melhores, para serem adotados naquele paciente, ou em outros que futuramente venham a ser acometidos dessa mesma moléstia.[11]

3.2.3 Componente normativo, simplificação e complexidade

As limitações inerentes à cognição humana, já abordadas no Capítulo 1 deste livro, fazem com que toda imagem ou representação da realidade seja uma *simplificação* dela. Do mesmo modo, imagens construídas da ordem jurídica, da forma como ela opera, e de como se elaboram, se interpretam e se aplicam normas, e se resolvem conflitos, são simplificações de uma realidade que, por certo, é bastante mais complexa.

Simplificar a realidade para tornar possível sua compreensão não é errado. Aliás, é necessário, e mesmo inafastável, dadas as limitações da cognição humana examinadas ao longo dos Capítulos 1 e 2 deste livro. Quando se alude à simplificação, e se apontam as deficiências que dela decorrem, não se pretende afastá-la, o que seria impossível, mas, a partir da constatação de suas falhas, procurar de algum modo minimizá-las. Dá-se o mesmo quando se reconhece, de forma mais ampla, a imperfeição dos órgãos dos sentidos, da racionalidade ou do próprio conhecimento, o que não deve ser tomado como uma defesa da ignorância, do ceticismo ou do dogmatismo, mas um reconhecimento de limitações, a recomendar humildade e abertura à crítica e ao aperfeiçoamento. Só o que se reconhece imperfeito tem chance de se aprimorar.

Há duas consequências importantes no reconhecimento da maior abundância e complexidade do real, diante da simplificada imagem que se faz dele. A primeira, subjacente ao próprio raciocínio falibilista e já abordada em outras passagens deste livro, diz respeito à

11. Susan Haack. *Evidence Matters*. Science, proof, and the truth in the Law. New York: Cambridge University Press, 2014, p. 32.

provisoriedade e à incompletude do conhecimento, que deve sempre manter-se aberto à crítica e à possibilidade de se apontarem erros. A segunda, mais sutil, e talvez mais especificamente relacionada ao chamado "raciocínio complexo" ou à "teoria da complexidade", consiste na constatação de que o *todo é maior do que a soma das partes*, pelo que, ainda que de maneira inescapavelmente também imperfeita (e simplificadora), é preciso estudar também o todo, ou as relações que se estabelecem entre as várias partes e o resultado delas decorrente, algo que o estudo departamentalizado de cada uma delas não permite.

Quando se estudam apenas os automóveis, ou os motoristas individualmente, não se tem noção alguma do que seja o *trânsito* de uma grande metrópole. O mesmo ocorre com alguém que se dedique ao estudo, por mais aprofundado e completo que seja, de formigas, vistas isoladamente umas das outras em um laboratório, escapando-lhe inteiramente a realidade formada pelo *formigueiro*.[12] Isso porque há entre motoristas em uma cidade engarrafada, ou entre formigas reunidas em um formigueiro, *relações*, as quais levam a interações entre as partes, modificando seu comportamento, mas que não são captadas por quem apenas se dedique ao exame de cada parte, vale dizer, de cada formiga ou de cada carro. São elas, as relações, e a interação por meio delas realizadas, que fazem do todo algo maior que a soma das partes, sendo inclusive dotado de características próprias.

É possível, nesse contexto, reconhecendo que o trânsito e o formigueiro são entidades distintas da mera soma das partes que as compõem, proceder ao seu estudo, que há de ser visto como algo diverso do estudo dos motoristas ou das formigas isoladamente. Estudam-se, dessa forma, os *sistemas complexos*. Não deixa de haver, com isso, nova simplificação, motivo pelo qual não se defende que tais abordagens sejam excludentes umas das outras ou que uma supere ou torne desnecessária a outra. Ambas têm o seu valor e se complementam, na difícil tarefa de compreender a realidade, seja ela bruta ou institucional, empírica ou ideal.

12. Melanie Mitchell. *Complexity* – A guided tour. Oxford: Oxford University Press, 2009, p. 3 e ss.

O estudo dos sistemas complexos revela ainda que, embora seja impossível ou muito difícil prever o comportamento desta ou daquela parte integrante do sistema em dado momento, a observação do sistema *à distância* permite a percepção de padrões. Exemplificando, embora seja muito difícil saber se choverá em determinado horário da segunda-feira da próxima semana, dado o caráter complexo e caótico da atmosfera, é possível cogitar de períodos de chuva e períodos de seca, identificando-os em uma análise que leve em conta aquele mesmo sistema ao longo dos anos.

Diante da interação e das múltiplas relações que se estabelecem entre diferentes partes da realidade, *emerge* como resultado um novo objeto, com comportamento e atributos diferentes dos das partes que o compõe e de cuja interação ele emergiu. É o caso do já citado exemplo do formigueiro. Pode-se mesmo dizer, nessa ordem de ideias, que existe uma escala ou graduação na complexidade dos componentes que formam o universo, permitindo o estabelecimento de uma sequência iniciada na Física e que se estende às relações humanas de ordem internacional.

O átomo, por exemplo, pode ser estudado pela Física, assim como a matéria por ele formada. As relações entre átomos e moléculas, porém, fazem *emergir* entidades que seguem padrões diversos daqueles observados no estudo de átomos isoladamente, padrões estes que decorrem justamente da interação e das relações entre átomos, dando espaço ao surgimento da Química. Os diversos componentes químicos, por sua vez, em interação, podem fazer com que emerjam entidades submetidas a padrões também diversos, formados pela relação entre os componentes químicos mas que não se limitam à mera soma desses componentes. São os seres vivos, dotados de complexidade exponencialmente maior que a dos átomos que os compõem, e das substâncias químicas por eles formadas. Tem-se, então, o domínio da Biologia. Os próprios seres vivos, porém, interagem entre si, em relações das quais emergem, novamente, novos padrões. É o caso dos grupos formados por formigas, abelhas etc., os quais novamente suscitam estudo específico, como um objeto diverso da mera soma das partes que o compõem. No caso dos seres humanos, a complexidade dessas iterações assume proporções colossais, sendo eles animais cooperativos por excelência. Surge com isso o amplo espaço das chamadas ciências humanas e sociais.

Veja-se que esse crescente incremento de complexidade se reflete, por igual, nas consequências da adoção de um raciocínio simplificador no estudo de tais realidades, as quais se tornam cada vez mais intensas. Na Química, a simplificação leva a perdas mais significativas do que na Física, na Biologia a perdas maiores que na Química, e assim por diante. O raciocínio simplificador usado na Física clássica, por exemplo, quando se propõe a um estudante do Ensino Médio que ignore o atrito sofrido por um carrinho no cálculo da força necessária para que percorra certa trajetória, conduz a resultados muito mais precisos do que aqueles alcançados pelo mesmo raciocínio simplificador no âmbito das ciências humanas. A moldura kelseniana, já referida em outros pontos deste livro, é novamente um exemplo emblemático, pois a desconsideração de aspectos que para Kelsen não seriam estritamente jurídicos leva a um quadro ou moldura de vários significados possíveis, que podem mesmo ser contrários uns aos outros. Essa imprecisão, decorrente do desprezo a certas parcelas da realidade complexa e às consequências dela sobre o objeto estudado, no problema de Física, seria infinitamente menor, sendo crescente conforme incrementa a complexidade da realidade estudada.

Maior extensão na abordagem da chamada teoria da complexidade não é necessária, aqui, para que se perceba a íntima relação que ela guarda, por igual, com o Direito. A afirmação de que as sociedades contemporâneas se organizam através de Estados Nacionais, os quais elaboram as normas jurídicas, ou os textos que as exprimem, seguindo procedimentos oficiais previstos na própria ordem jurídica, normas estas estruturadas hierarquicamente etc., é, por certo, uma simplificação. Também o é, parece claro, a ideia segundo a qual o juiz resolve os litígios que lhe são submetidos por meio da aplicação de tais normas. Isso para ficar apenas em dois exemplos, tão simplificadores quanto a ressalva aqui já citada, feita pelo professor de Física do ensino médio, sobre determinado cálculo a ser feito "desprezando o atrito", "em um plano ideal", ou ainda "no vácuo".

Conquanto sejam necessários cortes, visto que o pesquisador não pode conhecer, ao mesmo tempo, tudo sobre tudo, e se decida estudar apenas o Direito Positivo, sem preocupações a respeito dos fatores que levaram à sua elaboração, é inegável a existência de múltiplos elementos a influenciar a forma como os textos elaborados pelos órgãos oficiais serão compreendidos. Existem, ainda, fontes não oficiais de normas jurídicas, as quais não apenas interferem na maneira como as normas ditas oficiais são compreendidas, mas muitas vezes se sobrepõem às normas oficiais, chegando a ser reconhecidas por elas, ou pelas autoridades encarregadas de sua aplicação. Pode-se dizer, nesse contexto, que o sistema jurídico é um *sistema complexo*, sendo adequado à sua compreensão o estudo das características de tais sistemas.[13] Não é por outra razão que se diz, por exemplo, que são muito difíceis de serem antecipados os efeitos de uma nova legislação sobre a sociedade,[14] notadamente porque o Direito, enquanto sistema social complexo, interage com outros sistemas sociais dotados de semelhante complexidade, a exemplo da economia, tornando ainda mais difíceis de prever os resultados daí decorrentes.

Não obstante, como herança da revolução científica havida a partir do Iluminismo, o estudo do Direito pautou-se, durante muito tempo, pelos ideais de decomposição, simplificação e análise. Em busca de uma cientificidade supostamente capaz de levar a avanços semelhantes aos havidos em outros setores do conhecimento, estudiosos do Direito passaram a se dedicar à análise do ordenamento jurídico positivo e, decompondo-o em partes ainda menores, ao estudo da norma jurídica e de suas características. No campo do Direito Tributário, notadamente a partir da segunda metade do século XX, tornaram-se frequentes estudos sobre a norma tributária, os quais a consideram em sua estrutura lógico-formal, divorciada do próprio sistema de normas no qual está inserida e que lhe confere identidade, bem como dos fatores

13. J. B. Ruhl. Law's Complexity: a primer. *Georgia State University Law Review*, v. 24, questão 4, verão 2008, artigo 9. Disponível em: http://readingroom.law.gsu.edu/gsulr/vol24/iss4/9, p. 888.
14. Nesse sentido, Portalis afirma que "se é possível, numa instituição nova, calcular as vantagens que a teoria nos oferece, não o é conhecer todos os inconvenientes que apenas a prática pode descobrir" (no original, "qu'il faut être sobre de nouveautés en matière de législation, parce que s'il est possible, dans une institution nouvelle, de calculer les avantages que la théorie nous offre, il ne l'est pas de connaître tous les inconvénients que la pratique seule peut découvrir"). Cf. Jean-Étienne-Marie Portalis. *Discours Préliminaire du Premier Projet de Code Civil*. Disponível em: www.justice.gc.ca/fra/apd-abt/gci-icg/code/civil.pdf.

materiais que levaram à sua edição e que de algum modo influenciam em sua interpretação e aplicação a casos futuros. Essa simplificação viabilizou ganhos em profundidade, na compreensão da norma em sua estrutura lógico-formal, mas levou à construção de teorias inábeis ou mesmo inúteis para o enfrentamento de problemas relacionados a aspectos substanciais e finalísticos do Direito. A metáfora da moldura, presente na teoria de Hans Kelsen a respeito da interpretação jurídica, é representativa dessa insuficiência, pois implica o reconhecimento de que o referido estudo formal confere, diante de um problema concreto a ser resolvido pelo Direito, uma série de soluções cientificamente corretas, sendo a escolha de uma delas guiada por fatores sobre os quais a ciência jurídica não pode se debruçar. Em verdade, uma visão do fenômeno jurídico atenta à complexa rede de fatores materiais implicados na edição de uma norma e na sua aplicação aos casos concretos que com ela se busca regulamentar, aliada às referidas conquistas decorrentes da visão simplificadora, que não precisam nem devem ser desprezadas, será capaz de permitir a construção de teorias e modelos mais adequados à explicação e ao aprimoramento do sistema jurídico e de sua interação com a realidade a ser por ele disciplinada. A consideração dos fatores políticos que levam à edição de normas, à luz da teoria dos sistemas, e o exame dos aspectos emocionais e axiológicos que interferem na decisão jurídica, que pode ser feito com amparo na neurociência e na biologia evolutiva, são exemplos do potencial de um estudo do Direito desprendido dos aspectos lógico-formais das normas que o veiculam, o qual, nem por isso, deixa de ser "jurídico", vez que segue voltado ao fenômeno jurídico e aos seus problemas.

Desse modo, no estudo do Direito, ainda que voltado ao componente normativo, é preciso ter tais limitações em mente quando se examinam processos de elaboração de normas, as relações entre estas, sua aplicação por órgãos estatais e não estatais etc. Voltar-se-á ao tema quando, no próximo item, se examinarem alguns elementos fáticos que interferem nas decisões jurídicas.

3.3 CONHECIMENTO E VALORES NO DIREITO

As normas não prescrevem condutas de forma aleatória. Há razões que fazem com que determinadas condutas sejam consideradas obrigatórias, proibidas ou permitidas.[15] Através das normas, busca-se a realização de valores caros a quem as elabora ou, no caso da norma costumeira, àqueles que de algum modo contribuíram para a sua formação. A questão que se coloca, nesse contexto, é se tais valores seriam passíveis de uma investigação científica. Seria possível fazer afirmações a respeito deles que pudessem ser objeto de uma crítica intersubjetiva?

Note-se, de início, como já salientado na parte inicial deste livro, que os sentimentos morais subjacentes à valoração feita por seres humanos têm fundamento biológico. Objetivamente, surgiram para permitir a sobrevivência dos grupos que os experimentam, e, subjetivamente, têm relação com o próprio equilíbrio necessário à manutenção da vida. Da mesma forma como prazer e dor estão associados a comportamentos ou situações que podem colocar a vida do indivíduo em risco, a exemplo de temperaturas muito altas, fome, sono, necessidade de expelir excrementos etc., sensações correlatas, oriundas da mesma fonte, são associadas a comportamentos ou situações que põem em risco o equilíbrio social.

Não se quer com isso, por certo, sugerir que não exista, em um plano psicológico, genuínos sentimentos de altruísmo e solidariedade, sendo tudo apenas um mecanismo para a sobrevivência do grupo e, com ele, dos indivíduos que o integram. É preciso diferenciar causas evolutivas, de um lado, e consciência subjetiva do indivíduo, de outro. Tome-se como exemplo, para tornar a ideia mais clara, o prazer sexual. É inegável que ele existe por incrementar as chances de reprodução dos seres que o experimentam. Mas isso não quer dizer que não exista o prazer, enquanto sensação, de forma independente de uma efetiva chance de reprodução. Tampouco significa que os seres apenas se engajem em atos sexuais, conscientemente, para assim conseguirem a reprodução. O prazer, que é subjetivo, foi moldado para servir como incentivo à reprodução, mas os seres envolvidos no processo não precisam ter consciência disso. Muitos animais, inclusive, não têm consciência alguma, e o ser humano muitas vezes tem consciência das possíveis consequ-

15. Arnaldo Vasconcelos. *Teoria da Norma Jurídica*. 6. ed. São Paulo: Malheiros Editores, 2006, p. 19-20.

ências biológicas do sexo, mas não se envolve nele por conta delas, fazendo uso, para tanto, de métodos contraceptivos. O mesmo se dá com os sentimentos morais: quando se diz que as pessoas são altruístas porque isso favorece a sobrevivência da espécie, por permitir a formação de grupos que as protegem, não se está dizendo que inexista, do ponto de vista subjetivo, autêntico sentimento de altruísmo, o qual pode ser levado a cabo independentemente – ou até contra – eventual incremento nas chances de sobrevivência do indivíduo ou do grupo.[16]

Seja como for, o relevante é que se fazem possíveis, de forma intersubjetivamente controlável, discussões sobre valores. Isso já foi examinado em itens anteriores deste livro, e será retomado, especificamente à luz do Direito, logo a seguir. Antes disso, contudo, é conveniente notar como um dos maiores expoentes do positivismo, Hans Kelsen, mesmo partindo de um relativismo axiológico, que não deixa de ser uma decorrência de seu ceticismo axiológico, chegou a conclusões relevantes – e paradoxalmente contraditórias com suas premissas – em relação a esse ponto.

Apesar das dificuldades em se identificarem características comuns às várias correntes agrupadas sob o genérico e abrangente rótulo do *positivismo*, sabe-se que um dos pontos de convergência entre elas, notadamente em relação ao positivismo jurídico, é o ceticismo axiológico. Partindo da premissa de que os valores seriam emocionais e subjetivos, afirmações em torno deles não poderiam ter sua correção aferida a partir de critérios objetivos. Daí por que a ciência deveria ocupar-se apenas da realidade como ela é, e não sobre como essa realidade deveria ser, algo que dependeria das preferências pessoais do pesquisador. Aplicando-se esse raciocínio ao estudo do Direito, não haveria critério objetivo para se afirmar, por exemplo, a superioridade ou a maior correção de uma determinada concepção de justiça em relação a outra. Essa é a base sobre a qual se constrói a Teoria Pura do Direito, voltada para o estudo do elemento comum às várias ordens jurídicas particulares, tal como elas são, indepen-

16. Justin Garson. *The Biological Mind. A philosophical introduction*. New York: Routledge, 2015, p. 39 e ss.

dentemente de qualquer questionamento sobre como elas deveriam ser, para quem as estuda.[17]

Por isso, à luz da Teoria Pura, Direito e Estado se confundem, representando os dois lados da mesma moeda. Povo, território e poder, os três elementos formadores do Estado, seriam apenas, respectivamente, os destinatários da ordem jurídica, seu âmbito espacial de vigência e a coação garantidora de sua eficácia.[18] Presente um mínimo de eficácia, requisito tido como condição de sua validade, a ordem jurídica existe como tal, independentemente de seu conteúdo. O pesquisador pode, subjetivamente, não gostar de uma ordem jurídica, por considerá-la injusta ou iníqua, mas terá de admitir estar diante de uma ordem jurídica, diferenciando *as coisas como são* daquelas que ele considera como *deveriam ser*. Kelsen não nega, por certo, que as normas jurídicas sejam elaboradas à luz de valores, mas estes são objetivados na ordem jurídica quando de sua positivação, não se confundindo com aqueles alimentados subjetivamente pelo intérprete.[19]

Não é o caso, aqui, de se detalhar o pensamento de Kelsen no âmbito da Teoria Pura.[20] O relevante é notar que, no que tange aos valores, precisamente por partir de tais premissas céticas ou relativistas – são extremos que se tocam – Kelsen defendia, no campo da filosofia política, a Democracia como o regime mais adequado

17. Hans Kelsen. *Teoria Pura do Direito*. Trad. João Baptista Machado. 6. ed. São Paulo: Martins Fontes, 2000, p. 1.

18. Hans Kelsen. *Teoria Pura do Direito*, cit., pp. 317 a 321; idem, *Teoria Geral do Direito e do Estado*. Trad. Luis Carlos Borges. São Paulo: Martins Fontes, 2000, p. 261 e ss. Em razão disso, Herman Heller acusa-o de haver criado uma "teoria do Estado sem Estado" (*Teoria do Estado*. Trad. de Lycurgo Gomes da Motta. São Paulo: Mestre Jou, 1968, p. 78).

19. E mesmo esse valor objetivo, subjacente à norma posta e que orienta o *dever ser lógico* (porque determinado pela ordem jurídica), em contraste com o *dever ser axiológico*, que Kelsen repele (porque fundado nas preferências subjetivas de cada um), é, na Teoria Pura, algo bem diferente dos "valores" que se reconhecem positivados nas normas contemporaneamente vistas como tendo "estrutura de princípio". A incapacidade da Teoria Pura, mesmo com o reconhecimento de "valores objetivados na ordem jurídica", de lidar com normas com estrutura de princípio pode ser observada em diversas passagens, como aquela na qual se afirma que "a graduação do valor no sentido objetivo não é possível, visto uma conduta somente poder ser conforme ou não ser conforme uma norma objetivamente válida, contrariá-la ou não a contrariar – mas não ser-lhe conforme ou contrariá-la em maior ou menor grau". Cf. Hans Kelsen. *Teoria Pura do Direito*, cit., p. 22.

20. Para tanto, confira-se Arnaldo Vasconcelos. *Teoria Pura do Direito* – Repasse crítico de seus principais fundamentos. 2. ed. Rio de Janeiro: GZ, 2010.

às sociedades humanas, a pressupor, paradoxalmente, liberdade, igualdade e tolerância.

Já no início de seu escrito seminal[21] sobre a democracia Kelsen parte de premissas que talvez não se conciliem bem com o princípio de Hume, subjacente ao positivismo em geral, também conhecido como repúdio à falácia naturalista: a maneira como a realidade *é* não pode fundamentar, por si só, um juízo a respeito de como essa mesma realidade *deveria ser*. De fato, ao tratar da democracia, Kelsen parte da ideia de que o ser humano tem uma natural tendência ou instinto à liberdade, opondo-se a toda forma de dominação ou heteronomia, mas por outro lado consideraria insuportável o ônus de tudo ter de decidir e resolver, necessitando assim de padrões para seguir. Esses dois instintos naturais criariam uma situação paradoxal de repulsa e de carência às amarras inerentes à vida em sociedade, que teria na democracia a maneira mais adequada de conciliação. Com efeito, por meio da democracia obtém-se um alívio à agonia da heteronomia, mas, ao mesmo tempo, preserva-se a liberdade, pois as normas que compõem a ordem jurídica e limitam a liberdade dos indivíduos são, de algum modo, fruto da vontade destes, ou da maior parte destes.

> [*A*] liberdade possível dentro da sociedade, e especialmente dentro do Estado, não pode ser a liberdade de qualquer compromisso, pode ser apenas a de um tipo particular de compromisso. O problema da liberdade política é: como é possível estar sujeito a uma ordem social e permanecer livre? Assim Rousseau formulou a questão cuja resposta é a democracia. Um sujeito é politicamente livre na medida em que a sua vontade individual esteja em harmonia com a vontade "coletiva" (ou "geral") expressa na ordem social. Tal harmonia da vontade "coletiva" com a individual é garantida apenas se a ordem social for criada pelos indivíduos cuja conduta ela regula.[22]

Mas não só. Kelsen considera que por meio da democracia faz-se com que um maior número possível de pessoas determine o conteúdo das normas a que se submeterão, sendo a forma menos imperfeita ou mais adequada de garantir a liberdade a um maior número de

21. A primeira edição do livro *A Essência e o Valor da Democracia*, no qual essas ideias se acham expostas, é de 1920. Em português, confira-se: Hans Kelsen. *A democracia*. Trad. Ivone Castilho Benedetti, Jefferson Luiz Camargo, Marcelo Brandão Cipolla e Vera Barkow. São Paulo: Martins Fontes, 2000.
22. Hans Kelsen. *Teoria Geral do Direito e do Estado*, cit., p. 408.

pessoas, no âmbito da vida em sociedade. Tudo, repita-se, por conta do ceticismo axiológico, do qual o relativismo axiológico é apenas uma espécie ou vertente. Se não há critério objetivo para afirmar a correção de uma concepção de justiça ou a incorreção de outra, todas devem ter espaço na deliberação política, e todas as pessoas devem ter oportunidade de participar da elaboração das normas jurídicas.[23]

Esse é um Kelsen que, nas palavras de Miguel Reale, "anda esquecido".[24] Um Kelsen defensor, é certo, da possibilidade de o Direito ter qualquer conteúdo, sem deixar de ser, por isso, Direito; mas que sustentou, precisamente por conta da impossibilidade de se afirmar a existência de um conteúdo correto, de forma científica, dada a subjetividade e a relatividade dos valores, que estes, os valores, deveriam ser conciliados democraticamente. Ainda no dizer de Reale, a democracia

> (...) não significa, dizia Kelsen, não crer em valores. Mas a democracia significa reconhecer que o valor, no qual eu ponho a minha fé, não exclui o valor admitido por outrem. A tolerância, dizia Kelsen, é o gérmen e o fundamento da democracia. A democracia é a ordem política que tem por base a equivalência dos valores e a tolerância no exercício do conhecimento teórico e da vida prática.
>
> Talvez uma das teses liberais fundamentais esteja nesta formulação kelseniana, de que resultava algo de muito importante, que era a preservação das minorias. A democracia existe para que haja minoria. A democracia não existe para que haja maioria, porque a maioria existe também nos regimes ditatoriais. A democracia existe para que haja minoria, porque esta significa a presença de tolerância. Onde não há minoria não há tolerância.[25]

A propósito de tolerância, convém notar o quão longe na defesa de alguns valores, paradoxalmente, o relativismo axiológico de Kelsen o conduziu. Com efeito, a preservação da vontade da maioria, em uma democracia, há de pressupor, como elemento necessário, a proteção das minorias. Para Kelsen, com efeito, a democracia não é apenas o regime onde prevalece a vontade da maioria, mas no qual se respeita a minoria. Em suas palavras,

---

23. Isso confere legitimidade à ordem jurídica, a qual, na lúcida dicção de Arnaldo Vasconcelos, "resolve-se sempre pela compatibilização dos valores dos sistemas respectivos com os valores do grupo social que o mantém" (*Direito, humanismo e democracia*. São Paulo: Malheiros Editores, 1998, p. 26).
24. Miguel Reale. *Direito natural/direito positivo*. São Paulo: Saraiva, 1984, p. 67.
25. Idem, ibidem, p. 67.

> [o] princípio de maioria não é, de modo algum, idêntico ao domínio absoluto da maioria, à ditadura da maioria sobre a minoria. A maioria pressupõe, pela sua própria definição, a existência de uma minoria; e, desse modo, o direito da maioria implica o direito de existência da minoria. O princípio de maioria em uma democracia é observado apenas se todos os cidadãos tiverem permissão para participar da criação da ordem jurídica, embora o seu conteúdo seja determinado pela vontade da maioria. Não é democrático, por ser contrário ao princípio de maioria, excluir qualquer minoria da criação da ordem jurídica, mesmo se a exclusão for decidida pela maioria.
>
> Se a minoria não for eliminada do procedimento no qual é criada a ordem social, sempre existe uma possibilidade de que a minoria influencie a vontade da maioria. Assim, é possível impedir, até certo ponto, que o conteúdo da ordem social venha a estar em oposição absoluta aos interesses da minoria. Esse é um elemento característico da democracia.[26]

Veja-se que, paradoxalmente, em razão do ceticismo axiológico do qual parte, Kelsen termina por defender, de forma aparentemente universal, a democracia, a liberdade, a igualdade e a tolerância. Termina por afirmar que tais premissas são necessárias ao florescimento da verdade e da ciência[27] e por atribuir ainda à democracia uma forma mais adequada de realizar tendências *naturais* ao ser humano. Com isso, talvez se evidencie que a própria defesa do relativismo axiológico incorre, ela própria, no paradoxo de recorrer a valores.[28]

De fato, defender o estudo meramente descritivo da realidade, tal como ela é, sem considerações sobre como ela deveria ser, é, em si mesmo, *prescrever* algo ao pesquisador, o que só se pode fazer tendo como parâmetro uma ideia de como a realidade (a pesquisa) *deve ser*. Isso, por si, já viola a premissa positivista de rejeição à metafísica. Mas, adicionalmente, vê-se que o ceticismo axiológico, conduzindo ao relativismo, impõe a conclusão de que, se todas as concepções de justiça têm igual valor, é superior àquela que dá voz a todas as outras, em um ambiente de liberdade e tolerância.

---

26. Hans Kelsen. *Teoria Geral do Direito e do Estado*, cit., p. 411.
27. Hans Kelsen, *Que es la justicia?* Disponível em: www.usma.ac.pa/web/DI/images/Eticos/Hans%20Kelsen.%20La%20Juticia.pdf. Acesso em: 11 nov. 2008. No mesmo sentido, Norberto Bobbio, outro positivista, reconhece que "governo democrático e ciência livre não podem existir um sem o outro" (*Teoria Geral da Política* – A filosofia política e as lições dos clássicos. Trad. Daniela Beccaccia Versiani. São Paulo: Campus, 2000, p. 398-399).
28. Confira-se, a esse respeito, Ronald Dworkin. *Justice for Hedgehogs*. Cambridge, Harvard University Press, 2011.

Referidas passagens mostram, ainda, que a Epistemologia pressupõe a defesa de alguns valores, tendo em vista que por meio dela se examina o conhecimento humano e se sabe que existem cenários mais propícios ao florescimento da ciência. Afinal, a ciência pressupõe a possibilidade de a opinião dominante ser desafiada, e se sabe que a verdade só é alcançada quando existe ampla liberdade, independência e tolerância para que isso ocorra.[29] É inescapável, portanto, mesmo quando se adota a concepção positivista de ciência, defender valores, nem que sejam apenas aqueles capazes de viabilizar o próprio desenvolvimento da ciência.

A contradição em que incorre Kelsen demonstra, na verdade, o caráter inafastável dos valores. Para defender uma ciência avessa a eles, é preciso não só fazer uso dos valores, mas se chega, como resultado, à defesa de um regime em que deve prevalecer a vontade da maioria, porque assim se atendem a tendências humanas naturais, mas isso deve ser feito com respeito às minorias, com igualdade e tolerância, afirmações permeadas de juízos de valor. A própria ciência, para prosperar, mesmo pretensamente pura e neutra, dependeria deles.

3.4 CONHECIMENTO DO DIREITO E REALIDADE FACTUAL

Outro campo no qual a Epistemologia é capaz de fornecer importantes contribuições ao estudo do Direito é o da compreensão da realidade factual subjacente às normas jurídicas, abarcando a dimensão fática do fenômeno jurídico.

Dentro da visão *tridimensional* do fenômeno jurídico, estudaram-se, nos itens 3.2 e 3.3, abordagens especialmente voltadas aos seus aspectos *normativo* e *axiológico*. Resta, agora, tratar de seu aspecto *fático*, aquele que talvez esteja aberto às mais importantes e decisivas contribuições por parte da Epistemologia.

Em sua tridimensionalidade, sabe-se que o Direito é composto – ou veiculado – por normas que decorrem da *valoração* de *fatos*. Daí

29. "A sociedade de cientistas deve ser uma democracia. Apenas se pode manter viva e crescer por uma tensão constante entre a dissidência e o respeito; entre a independência das opiniões dos outros e a tolerância para com elas". Cf. J. Bronowski. *O homem e a ciência*: ciência e valores humanos. Trad. Alceu Letal. Belo Horizonte, Itatiaia/São Paulo: Edusp, 1979, p. 68.

por que o estudo do fenômeno jurídico não consegue dar-se com o divórcio dessas dimensões. Eventos do mundo são valorados, como bons, ruins, reprováveis, elogiáveis, dignos de incentivo ou repúdio, e em razão disso se normatizam as condutas a eles relacionadas, que passam a ser consideradas obrigatórias, proibidas ou facultadas. O conhecimento desses fatos é fundamental. Seja para que se saiba se a valoração que se lhe atribui, e a consequente normatização, estão corretas, seja para determinar se a norma incidiu, ou não, à luz da ocorrência, ou não, de seu suporte fático, apenas para citar duas possibilidades. No primeiro caso, trata-se da investigação do fato considerado abstratamente, ou em tese, na elaboração da norma. É o que se faz, por exemplo, quando se investiga se determinada substância é, ou não, nociva, de modo a avaliar a validade, ou não, de norma que proíbe a sua utilização. No segundo, trata-se de determinar se os fatos sobre os quais a norma incide ocorreram, para que se possa corretamente aplicá-la, se for o caso. É o que se dá quando se faz necessário aferir quem de fato causou um acidente, para que se apliquem corretamente as normas que cuidam da responsabilidade civil, do dever de indenizar etc. E isso para não referir outras abordagens, ligadas a fatos que eventualmente influenciam a tomada de decisões por parte de quem se ocupa de estudar ou aplicar normas jurídicas, por exemplo.

3.4.1 Conhecimento do fato necessário à correta interpretação da norma

As normas jurídicas são elaboradas em razão da valoração de fatos. E essa valoração decorre, por sua vez, também de outros fatos. Quando se estabelece, por meio de normas jurídicas, que é proibido fumar em recintos fechados, por exemplo, isso é feito não apenas porque se deseja preservar a saúde das pessoas, mas sobretudo porque se parte da premissa de que a fumaça produzida pelo fumante de tabaco é prejudicial à saúde.

Condutas são proibidas, facultadas ou tornadas obrigatórias porque se acredita que são nocivas, ou desejáveis, e essa crença se baseia muitas vezes nos efeitos que se creditam a essas condutas. Determinar a efetiva existência desses efeitos, portanto, é fundamental não apenas para que se elaborem normas, mas também para que se afira a sua validade, no caso de a justificativa para a sua edição basear-se na consecução de valores ou de finalidades constitucionalmente determinados. Mais uma vez a demonstrar a *incindibilidade* das dimensões fática, axiológica e normativa, a correção de uma valoração pode ser desafiada não apenas por discussão referente ao aludido valor, em tese, mas também por questionamento em torno da *aptidão*, da *necessidade* ou da *proporcionalidade em sentido estrito* da normatização específica para a sua promoção, o que depende de investigação fática.

Exemplificando, se uma norma permite o uso de embriões humanos descartados em clínicas de fertilização *in vitro* em pesquisas científicas, e sua validade é questionada perante o Poder Judiciário diante de possível incompatibilidade de suas disposições com a proteção constitucional à vida, pode ser relevante determinar quando começa a vida humana, bem como se as pesquisas poderão trazer benefícios e salvar vidas ou minimizar o sofrimento de muitas pessoas, ou se há outras formas de realizar pesquisas tão promissoras e sem a necessidade de se utilizar referidos embriões. Sem entrar, aqui, no debate específico ligado ao uso de tais embriões, é evidente que as respostas a tais questionamentos fáticos terão impacto na discussão sobre a validade da referida lei.

Da mesma forma, a validade de uma norma que concede incentivos fiscais destinados a reduzir desigualdades regionais dependerá da questão de saber se tais incentivos, por ela concedidos, de fato têm a aptidão de reduzir tais desigualdades, ou se, por hipótese, seriam inócuos ou mesmo contrários ao atendimento dessa finalidade.

Essa é a causa da esterilidade e da pobreza de um estudo jurídico que despreze elementos fáticos ou empíricos, em decorrência de uma supostamente necessária demarcação, a qual faria com que tais elementos devessem ser estudados por economistas ou sociólogos, por exemplo, mas não por juristas. É por essa razão, igualmente, que mesmo no controle concentrado de constitucionalidade, no qual se discute a validade de normas jurídicas "em tese", eventualmente há espaço e mesmo a necessidade de se produzirem provas (Lei 9.868/1999, art. 9º, § 1º).

Vale registrar, porém, que isso não significa afirmar que um estudo de normas seja inútil e deva ser abandonado. Pelo contrário.

O estudo das normas é importantíssimo e central à ciência jurídica. O que se afirma, tão somente, é que não se pode compreender adequadamente o componente normativo do direito, se se ignora o seu componente factual. E, por certo, não é possível fazer-se especialista em todas as particularidades dessa dimensão factual (Medicina, Economia, Finanças, Biologia etc.), mas daí não se deve concluir, por igual, que o especialista no Direito deva *ignorar* o que os pesquisadores dessas outras áreas estão a estudar, sendo proveitoso que se estabeleça *diálogo* entre elas.[30] Afinal, a realidade é uma só, sendo as divisões que nela se fazem artifícios do ser humano para melhor compreendê-la.

3.4.2 Possibilidade de múltiplos estudos empíricos no âmbito do Direito

Vale observar que o estudo da realidade fática, no âmbito do Direito, pode ter várias outras utilidades, adicionais à investigação dos pressupostos de fato empregados no raciocínio que culmina com a elaboração de normas ou que estão ligados à sua finalidade, tema ao qual se dedicou o item anterior; e adicionais também à perquirição a respeito da ocorrência dos fatos sobre os quais a norma incide, assunto do próximo item. Com efeito, existem estudos empíricos de muitas outras ordens, ligados a fatores que influenciam a tomada de decisões ou à formação de convicções em grupos extremistas, por exemplo.

Como se sabe, já faz algum tempo que se superou a ideia de que as decisões tomadas pelos seres humanos são sempre e inteiramente conscientes e racionais, havendo uma pluralidade de variáveis imperceptíveis a influenciá-las. O estudo dessas variáveis e de como influenciam as decisões pode ter utilidade bastante grande para a compreensão da decisão judicial e para a teorização a respeito de mecanismos ligados ao seu controle, à sua legitimação e à sua fundamentação. Aliás, não só a decisão judicial, mas qualquer outra, inclusive aquela, tomada por quem deve *observar* a norma jurídica, sobre se irá mesmo cumpri-la ou não.

30. André Folloni. *Ciência do Direito Tributário no Brasil*. São Paulo: Saraiva, 2013, p. 396 e 400.

No que tange às decisões judiciais, estudos empíricos já foram feitos para avaliar, por exemplo, a influência que a fome experimentada pelo magistrado tem em sua benevolência para deferir pedidos de liberdade condicional.[31] Relativamente às razões que levam as pessoas a cumprir, ou não, as prescrições jurídicas, há estudos que apontam a importância da ameaça de punição na garantia da eficácia das normas jurídicas.[32] Tais estudos, naturalmente, podem ter suas conclusões questionadas, não apenas a partir da mesma ótica ou abordagem que presidiu sua elaboração, mas também por outros prismas, como forma de minimizar os efeitos da simplificação a que se fez alusão em itens anteriores deste livro e que é comum – e necessária – à cognição humana em geral, mas não há dúvida de que revelam a riqueza e a fertilidade de abordagens que não se prendam de forma estanque a divisões da realidade a ser examinada. O pesquisador, por certo, não tem condições de dominar e verticalizar todos os domínios e ramos do conhecimento que se relacionam com aquele do qual se ocupa, mas isso não significa que deva adotar a posição extremamente oposta, que é a de ignorar tais outros tipos de conhecimento ou abordagens, como se suas conclusões fossem irrelevantes e nenhuma contribuição pudessem oferecer ao estudo realizado.

3.4.2.1 Ameaça de punição e fundamentos de uma ordem jurídica

No que tange à ameaça de punição como relevante à eficácia das normas jurídicas, ela reabre importante debate filosófico existente entre coativistas e não coativistas, a respeito da essencialidade da coação, ou da coerção, à caracterização de um ordenamento jurídico.[33] No âmbito da teoria dos jogos também se aponta a ameaça de punição como um incentivo a que aqueles que interagem cooperem entre si. Sem essa possibilidade de punição, os *freeriders* terminariam por destruir os demais, tornando inviável a própria formação

31. Daniel Kahneman. *Thinking, Fast and Slow*. New York: Farrar, Straus and Giroux, 2011, passim.
32. Manfred Spitzer e outros. The neural signature of social norm compliance. *Neuron* 56. Elsevier, 4.10.2007, p. 185-196.
33. Confira-se, a propósito, Arnaldo Vasconcelos. *Direito e Força* – Uma visão pluridimensional da coação jurídica. São Paulo: Dialética, 2001.

de grupos. Como se disse anteriormente, trata-se de algo inerente a todo processo em que há múltiplas e seguidas interações, em um jogo de soma não zero, verificável não somente entre humanos, mas até mesmo em relação a micróbios ou mesmo entidades não vivas como programas de computador.[34] Desvinculada de uma consequência negativa o suficiente para neutralizar eventuais benefícios decorrentes de sua prática, desestimulando-a, uma conduta talvez não possa sequer ser considerada como antijurídica, ou ilícita, conceito que parece indissociável ao de sanção, assim entendida uma consequência negativa ou indesejada imputada a quem adota o comportamento correspondente.[35]

Mas isso não quer dizer, por certo, que a coação, ou a coerção, sejam essenciais ao Direito, no sentido de que, presente a ameaça de punição, uma prescrição seja reconhecível, só por isso, como jurídica, e, ausente essa ameaça, não se esteja diante de uma prescrição jurídica. Tais estudos talvez indiquem a importância da ameaça de punição, mas não retiram a importância de haver algum mérito ou vantagem em cooperar, que não seja a mera ausência da aludida punição. Por outras palavras, cooperar não deve ser vantajoso apenas por afastar a punição, pois isso tornaria desinteressante a própria participação no aludido "jogo", para seguir na análise a partir da teoria dos jogos. Por outro lado, a mera recusa dos demais participantes em cooperar com o *freerider*, em interações futuras, perdendo este sua reputação e deixando assim de ser confiável, poderia, por si, ser vista como uma forma de punição.

Frederick Schauer faz importante crítica à ideia segundo a qual, se a coação não é "essencial" ao Direito, ela teria papel desimportante e seu estudo poderia ser relegado a um plano secundário. Aliás, a própria visão "essencialista" é por ele criticada, pois levaria à construção de teoria excessivamente abstrata a respeito do Direito, que talvez fosse melhor identificado – como ocorre com quase toda realidade, empírica ou cultural – como portador de um conjunto de

---

34. Robert Axelrod. *A evolução da cooperação*. Trad. Jusella Santos. São Paulo: Leopardo, 2010.
35. Frederick Schauer. *Playing by the rules*. A philosophical examination of ruled-based decision-making in law and in life. New York,: Oxford University Press, 1991, reeimp. 2002, p. 9.

atributos nem sempre presentes todos em sua integralidade. Nem todo vinho é feito de uva, assim como nem toda ave é capaz de voar, mas uma teoria sobre vinhos que desprezasse o estudo das uvas e uma teoria sobre aves que desconsiderasse a questão do voo seriam certamente insuficientes e de pouca utilidade.[36]

No âmbito da neurociência e da biologia evolutiva, sabe-se que os sentimentos morais evoluíram justamente como forma de conferir um reforço às motivações para a cooperação, pelo que é importante que as prescrições de cujo respeito se cogita estejam, de algum modo, em sintonia com eles também, pelo menos no que tange a animais dotados de tais sentimentos. Especificamente em relação aos seres humanos, dotados da aptidão de construir sofisticadas realidades institucionais, é importante lembrar que uma regra jurídica que não seja identificada como tal por aqueles que a ela se submetem, os quais seguem a conduta prescrita *apenas por medo de um castigo,* não será, a rigor, uma regra jurídica.[37] Como observa Arnaldo Vasconcelos, disposições obedecidas essencialmente assim não são jurídicas, e defender o contrário implica "confundir o homem com o jumento do verdureiro, que para andar, ou parar, ou retroceder no caminho tem de ver o movimento do chicote ou ouvir o silvar dele em sua proximidade".[38] É preciso que aqueles que se submetem à regra compreendam-na como uma regra jurídica, constituída a partir de critérios pactuados intersubjetivamente como definidores da aludida realidade institucional, o que não acontece quando a observância se dá *exclusivamente* pelo medo. A questão, naturalmente, é de grau, ou de intensidade, mas é inegável que esse reconhecimento cumpre papel importante para que a observância se dê precipuamente pela adesão espontânea e apenas acidentalmente pelo receio da sanção.

3.4.2.2 Formação de convicções e importância do pluralismo

A complexidade do real faz, já foi dito em outras partes deste livro, com que qualquer abordagem seja, necessariamente, uma sim-

36. Frederick Schauer. *The Force of Law*. New York: Harvard University Press, 2015, passim.
37. Hugo de Brito Machado Segundo. *Fundamentos do Direito*. São Paulo: Atlas, 2010, passim.
38. Arnaldo Vasconcelos. *Direito e força*. São Paulo: Dialética, 2001, p. 93.

plificação, que, nessa condição, de algum modo mutila a realidade para permitir sua cognição pela limitada compreensão humana. Essa constatação, contudo, não deve conduzir à desistência da empreitada cognitiva, tampouco à quixotesca pretensão de compreender tudo, por todas as óticas e ao mesmo tempo. Adequado talvez seja, tão somente, evitar o fechamento para que as múltiplas abordagens de um mesmo fenômeno dialoguem e contribuam umas com as outras.

Interessante mostra dessa contribuição pode ser observada no estudo do comportamento humano e das decisões, sejam elas tomadas individualmente ou em grupo. Por meio dele é possível, por exemplo, guiar a forma como devem ser elaboradas e compreendidas normas jurídicas relativas à liberdade de expressão, ao pluralismo e à formação de órgãos coletivos, como parlamentos e colegiados.

Nesse campo, a Epistemologia e a Economia Comportamental têm grandes contribuições a dar, mostrando que, quando alguém não está muito seguro de suas convicções, tende a defendê-las de forma não muito enfática e a ser mais tolerante com aqueles que possuem ideias contrárias às suas. Se essa pessoa, contudo, é inserida em um grupo integrado apenas por quem possui as mesmas convicções – e ainda que sejam igualmente vacilantes a respeito delas – haverá uma tendência natural a que elas se tornem mais fortes, radicalizando-se, pelo contato mútuo das pessoas que têm pensamento convergente, e pela ausência de contato com ideias contrárias.

Ouvindo, ou lendo, ideias que convergem com as suas, mesmo provenientes de pessoas igualmente não tão seguras da procedência delas, faz com que a confiança na correção dessas ideias aumente. Daí por que grupos de pessoas com pensamento convergente, quando se fecham ao diálogo com aqueles que pensam de modo diverso, tendem a se radicalizar. O desejo de ser aceito e aprovado pelo grupo, por sua vez, faz com que haja uma maior tendência à adesão às ideias que nele já encontram ressonância, sobretudo pelas que são defendidas por quem, no grupo, ocupa posição de maior importância, o que incrementa essa tendência.[39]

---

39. Confira-se, a propósito, Cass Sunstein. *Going to Extremes*: how like minds unite and divide. New York: Oxford University Press, 2009, p. 23.

Constatações como essa decorrem de estudos empíricos, voltados ao dado fático do fenômeno jurídico. Podem, por certo, como quaisquer outras, ser postas em dúvidas, ser submetidas a testes etc. Mas, inegavelmente, mostram a riqueza das contribuições que podem dar à compreensão do Direito. Compreendidas as causas de formação de grupos extremistas, por exemplo, pode-se trabalhar as condições para que eles não surjam ou não se acentuem os radicalismos neles verificados. É viável, inclusive, que se criem mais eficazmente ambientes propícios à tolerância e conscientes da provisoriedade e da falibilidade de crenças e ideias. Aliás, tais constatações empíricas apenas reforçam algo já apontado pela Epistemologia, relativamente à provisoriedade de crenças, à importância da tolerância e à necessidade de afastamento de dogmas para uma adequada aproximação da verdade.

3.4.2.3 *Emoções, economia comportamental e decisões judiciais*

Outro setor no qual estudos empíricos podem fornecer contribuições valiosas ao estudo do fenômeno jurídico diz respeito à chamada economia comportamental, expressão aqui utilizada para designar um ramo do conhecimento surgido da interseção de alguns outros (economia, psicologia, neurociência etc.) e que se volta ao estudo da decisão humana ou dos fatores que influenciam, sobretudo inconscientemente, nessa decisão, a mostrar que o inconsciente, a intuição e os instintos têm papel consideravelmente maior do que usualmente se pensava na determinação de escolhas até então tidas como puramente racionais.

Em demonstração eloquente da riqueza propiciada pelo diálogo de ramos diferentes do conhecimento que até então caminhavam de costas uns para os outros, Daniel Kahneman, psicólogo, ganhou o prêmio Nobel de Economia por suas pesquisas em torno dos fatores levados em consideração na tomada de decisões, confrontando a visão até então dominante na economia de um *homo economicus* que agiria sempre de forma racional e egoísta em busca de maximizar o próprio interesse. Conforme seus achados sugerem, o ser humano possui uma forma automática de pensar, calcada na intuição, que interfere na maneira como o pensamento deliberativo racional funciona,[40] a demonstrar que o estudo de tais fatores pode trazer contribuições inestimáveis à compreensão do processo decisório desenvolvido por juízes, por exemplo.

Ainda no terreno desta economia comportamental, podem ser colocadas questões relacionadas ao uso de tais descobertas. Sabendo-se, por exemplo, que a forma como uma questão é proposta, a maneira como um formulário a ser preenchido pelo cidadão é organizado ou a ordem com que produtos são organizados na cantina de uma escola pública, interfere – de maneira subliminar, por meio do inconsciente – na tomada de decisões relacionadas ao tema, coloca-se a questão de saber se seria legítimo usar tais conhecimentos para proceder a tal interferência, e, em caso afirmativo, quem poderia fazê-lo, e em que condições.[41]

3.4.3 Conhecimento do fato necessário à incidência da norma

O campo por excelência no qual a Epistemologia tem grande contribuição a dar ao estudo do Direito, com efeitos práticos mais imediatos, é o da prova dos fatos jurídicos, assim entendidos aqueles sobre os quais as normas jurídicas incidem. Aliás, nesse terreno a contribuição é recíproca, pois a experiência jurídica, por igual, é capaz de enriquecer consideravelmente o debate travado por filósofos no âmbito da Epistemologia, evidenciando a riqueza e a pluralidade de situações nas quais a busca pela verdade e a argumentação em torno dela ganham relevo.

Deve-se lembrar, no trato do assunto, de premissa óbvia, mas muitas vezes esquecida, e que está ligada à essencialidade da determinação dos fatos para que faça algum sentido cogitar-se de um Estado de Direito submetido ao princípio da legalidade. Aliás, para que faça sentido falar-se mesmo em um ordenamento jurídico. O próprio Direito torna-se uma ideia vazia se não houver algum zelo na identificação e na determinação dos *fatos* sobre os quais suas disposições devem ser aplicadas. Não faz sentido falar-se em normas prévias, se não se

40. Daniel Kahneman. *Thinking, Fast and Slow*, cit., passim.
41. Veja-se, ilustrativamente, Richard H. Thaler, Cass R. Sunstein. *Nudge*: o empurrão para a escolha certa. Trad. Marcello Lino. Rio de Janeiro: Elsevier, 2009, passim.

dá atenção à necessidade de se determinar a verdade quanto aos fatos sobre os quais elas incidem.[42] É por isso que Michele Taruffo diz ser impossível aplicar corretamente o Direito a fatos errados,[43] sendo a determinação da verdade quanto a estes indispensável para que adequadamente se realize a justiça, seja qual for a concepção que se faça a respeito dela. O mesmo pode ser dito da própria ideia de Estado de Direito, de separação de poderes e de legalidade. Afinal, as leis, ao veicularem normas jurídicas, preveem hipóteses e prescrevem condutas a serem seguidas *se* e *quando* essas hipóteses acontecerem. Nessa ordem de ideias, para que as leis sejam corretamente observadas e aplicadas, não basta conhecer o que hipoteticamente prescrevem. É preciso saber se ocorreram, no mundo fenomênico, os fatos nela previstos, a fim de que a eles se atribuam os efeitos legalmente indicados. Não há como exercer a jurisdição adequadamente, assim entendida a função de "dizer o direito (subjetivo, fruto da incidência de uma norma) no caso concreto", sem se conhecer esse caso concreto, a fim de que se possa corretamente determinar o Direito (objetivo, vale dizer, norma jurídica) que lhe é aplicável.[44]

Com efeito, nenhum sentido teria a exigência de que os crimes fossem previamente definidos em lei, por exemplo, se uma pessoa pudesse ser presa, diante da imputação da prática de um crime, sem que houvesse todo o cuidado na determinação do fato imponível correspondente, qual seja, no esclarecimento da questão de saber se tal pessoa realmente realizou ou praticou os fatos definidos em lei como criminosos. Da mesma forma, nula seria a importância ou relevância da prévia definição de um tributo por meio de lei, se a Administração Tributária pudesse exigi-lo liberta do dever de demonstrar que aquele, de quem o tributo é exigido, realizou o fato previsto em lei como necessário e suficiente ao nascimento da respectiva obrigação.

A questão que se coloca, porém, é a de como conciliar a imperfeição da cognição humana e a provisoriedade da certeza que se tem

42. Susan Haack. *Evidence Matters*, cit., p. 27-28.
43. Michele Taruffo. *La Prueba de los Hechos*. 3. ed. Trad. Jordi Ferrer Beltrán. Madrid: Trotta, 2009, p. 86.
44. Fredie Didier Júnior, Paulo Sarno Braga e Rafael Oliveira. *Curso de Direito Processual Civil*. 6. ed. Salvador: Juspodivm, 2011, p. 18-19; Lucas Buril de Macêdo e Ravi Medeiros Peixoto. *Ônus da prova e sua dinamização*. Salvador: Juspodivm, 2014, p. 71.

quanto a se haver alcançado a verdade, bastante exploradas em itens anteriores deste livro, de um lado, e a necessidade de se dar sequência ao trato dos problemas humanos, de se dar solução aos conflitos, de outro. Diante da ausência de total certeza quanto à ocorrência de um crime, seria o caso de jamais punir? A possibilidade de veracidade de uma afirmação quanto à ocorrência de um fato imponível tributário levaria a que jamais se cobrassem tributos? Como se deve distribuir, nessa ordem de ideias, o chamado ônus da prova?

O ônus da prova cabe a quem faz a afirmação de que um fato ocorreu, seja o autor de uma demanda, seja a autoridade administrativa que pratica um ato administrativo. O autor da demanda, por exemplo, precisará fundamentar suas afirmações sobre a ocorrência de fatos, sendo seu, nesse caso, o "ônus da prova". Mas não é possível chegar-se à certeza absoluta a respeito da veracidade de tais afirmações. Pode-se chegar a uma certeza razoável, assim entendida aquela na qual se faz possível dizer-se ao réu ou a quem mais objetar a veracidade da fundamentação probatória apresentada pelo autor: por que não?

Veja-se que ao apresentar razões e provas para que se ponha em dúvida a afirmação feita pelo autor, o réu não estará, necessariamente, tratando de fatos extintivos, modificativos ou impeditivos do direito desse mesmo autor.[45] Se o autor fundamenta suas afirmações sobre a ocorrência de fatos juntando fotografias, o réu pode demonstrar que tais fotos foram objeto de alteração por meio digital. Ou pode apresentar outras fotos, ou vídeos, que indiquem que aquelas imagens trazidas pelo autor retratam a cena por um ângulo que eventualmente distorce a realidade retratada. Se se utilizam depoimentos de testemunhas, o réu pode demonstrar que aquela velhinha que disse ter "ouvido tudo" na verdade é deficiente auditiva, ou que aquele outro senhor, que disse ter visto tudo da janela de seu apartamento,

45. Fatos extintivos, impeditivos ou modificativos do direito do autor são aqueles que não interferem propriamente no nascimento desse direito, mas levam à sua posterior modificação, extinção ou de algum outro modo representam óbice ao seu adimplemento, sendo assim alegados pelo réu, a quem cabe provar a sua ocorrência. Pode ser citada como exemplo a situação na qual o autor alega possuir direito ao recebimento de uma indenização, por haver sofrido um dano, e o réu, em vez de negar os fatos dos quais decorreria o direito à reparação, afirma que esta já foi paga em momento anterior ou que a pretensão de recebê-la foi atingida pela prescrição.

é míope, estava sem óculos e não teria condições de ver os detalhes que diz ter visto. Se se usou vídeo feito por câmera de segurança para demonstrar que certo local estava vazio em determinada data e horário, o réu pode demonstrar que o tal vídeo diz respeito a filmagem feita no dia anterior ao dos fatos em questão, tendo as imagens sido reproduzidas no dia seguinte pelo vigilante que dormiu no serviço e não queria ser descoberto, e assim por diante.[46]

Por outras palavras, a busca pela verdade no processo e o papel das partes nessa tarefa são muito mais dinâmicas do que parecem quando se afirma, simplesmente, a forma como se distribui o ônus da prova segundo o Código de Processo Civil. Como reflexo disso, o art. 369 do CPC/2015 explicita que as partes têm o direito não apenas de "provar a verdade dos fatos em que se funda o pedido ou a defesa", mas também de "influir eficazmente na convicção do juiz", influência que pode consistir precisamente na indicação de elementos que corroem a certeza sugerida[47] por provas produzidas pela parte adversa ou pelo próprio magistrado. Afinal, quando, em uma primeira análise, o autor se desincumbiu do seu ônus e "provou" suas alegações, não se chegou, por isso, a uma certeza absoluta e inalterável. Chegou-se, mesmo se consideradas "provadas" as alegações do autor, a uma certeza razoável ou suficiente. Nesse ponto, pode-se dizer que o ônus passa a recair sobre o réu, relativamente a alegações que pelo menos *minem* essa suficiência. Voltando a exemplos, se o autor de uma ação de reconhecimento de paternidade usa como prova um exame de DNA, o réu pode suscitar a possibilidade de falha no laboratório, o que não representará, propriamente, um fato "extintivo, impeditivo ou modificativo" do direito do autor, mas, ainda assim, será do réu o ônus de provar essa falha.

O que foi explicado parece deixar claro que a produção de uma prova não necessariamente "ajudará" o autor ou o réu de uma demanda. Mesmo que se trate de prova relacionada a afirmação de

46. Sobre a dinâmica relativa à distribuição das presunções e dos ônus probatórios dela decorrentes no curso do processo, e sobre as espécies de argumentos usados nesse contexto, confira-se: Henry Prakken e Giovanni Sartor. *More on Presumptions and Burdens of Proof, EUI Working Papers Law* 2008/80. Disponível em: http://ssrn.com/abstract=1317348. Acesso em: 12 abr. 2013.
47. Susan Haack. *Evidence Matters...*, cit., p. 75.

fato constitutivo do direito do autor e cujo ônus caberia a este. Isso porque a prova pode muito bem reduzir ou afastar uma certeza já razoavelmente estabelecida por provas trazidas pelo próprio autor, ou confirmar essa mesma certeza, não sendo possível antever esse resultado antes de sua produção. E o mesmo vale para aquelas relacionadas a fatos impeditivos, extintivos ou modificativos do direito do autor, cujo ônus probatório cabe ao réu.

Por isso, quando o juiz toma a iniciativa de produzir provas de ofício, ou de formular perguntas a testemunhas, ou de formular quesitos, não está, de forma alguma, agindo de modo a perder a sua imparcialidade. O princípio do dispositivo deve ser entendido no sentido de que o juiz está adstrito ao que foi pedido e alegado pelas partes, não ao que foi provado.[48] As disposições do CPC que autorizam a iniciativa do juiz na produção de provas são perfeitamente válidas, compatíveis e mesmo coerentes com as garantias constitucionais do processo, a começar pela própria garantia de jurisdição, visto que a correta "aplicação do direito ao caso concreto" depende, como já explicado, da adequada determinação dos fatos sobre os quais as normas discutidas incidiram.

Em uma ação indenizatória, em que se discutem as circunstâncias em que o réu teria agredido fisicamente o autor, o juiz pode solicitar a apresentação das gravações feitas por câmeras de circuito interno, se tiver conhecimento de que essas câmeras existem no local, ainda que isso não tenha sido pedido pelas partes. Assistindo às imagens, tanto poderá concluir que o autor não foi agredido como afirma, ou que o causador das agressões foi outra pessoa, ou, mesmo, que o promovente, embora agredido, teria dado causa à briga, tendo o réu apenas se defendido, e poderá ainda entender que o réu realmente foi responsável por agressões injustificáveis e passíveis de indenização. Em uma ação na qual alguém pleiteia aposentadoria como trabalhador rural, o ato de o juiz, de ofício, pedir para examinar as mãos (se calejadas ou não) do autor, formulando perguntas referentes ao seu trabalho no campo, tanto pode conduzir à conclusão de que se trata de fato de um trabalhador rural como à convicção

48. Celso Agrícola Barbi. *Comentários ao Código de Processo Civil*. Rio de Janeiro: Forense, 1975, v. 1, t. 2, p. 531.

de que se trata de alguém que nunca laborou no campo e formula pretensão improcedente. Não há, portanto, razão para se dizer que os poderes instrutórios do juiz "ajudam o autor" ou prejudicam a igualdade das partes no processo.

Além disso, se se argumentar que os poderes instrutórios do juiz "ajudam o autor", esse mesmo raciocínio, aplicado coerentemente, autorizaria a conclusão de que a ausência desses poderes "ajudaria o réu". Assim, o argumento de que eles tornam o processo parcial talvez não possa ser usado, pois a falta deles também torna. E com um grave defeito: os poderes instrutórios do juiz ajudam o autor, em princípio, se, e somente se, ele tiver razão quanto aos fatos que alega. Mas, ao revés, a falta dos poderes instrutórios ajuda o réu se, e somente se, este *não* tiver razão. Ou seja, a falta de poderes instrutórios ajuda o processo a servir de instrumento para dar razão a quem não a tem, algo que parece distante da ideia de processo justo, independentemente da visão que se tiver de justiça, pois, seja qual for ela, não há como aplicá-la corretamente a fatos errados.

O verdadeiro problema relacionado à prova e à atuação do juiz em relação a ela diz respeito a ponto frequentemente tangenciado pela literatura especializada no assunto. Trata-se da fundamentação da decisão correspondente. De pouco ou nada adianta toda a discussão relacionada aos meios de prova, ao ônus da prova, à iniciativa do juiz em produzir provas, se não se dá a devida atenção à fundamentação da decisão que decide a questão. Esse é o aspecto que, verdadeiramente, pode conter o arbítrio do julgador, impondo-lhe limites que garantam alguma imparcialidade.

Aliás, se a palavra "prova" pode ser associada à *atividade* de provar, aos *meios* usados nessa atividade e também ao seu resultado, que é a convicção de que um determinado fato ocorreu ou, mais precisamente, de que a afirmação a respeito de um fato é verdadeira, é lícito dizer que *prova* e *fundamentação* são ideias diretamente relacionadas. Afinal, a atividade probatória se dá pelo uso de argumentos, pelas partes. Os meios de prova são os elementos usados nesses argumentos e o resultado, vale dizer, a convicção, há de ser *motivada*, motivação que não se confunde com a descrição dos caminhos neurológicos ou psíquicos percorridos por aquele que se convenceu, mas pelo oferecimento dos *fundamentos* que racionalmente são capazes de sustentar essa convicção.[49]

Por outras palavras, essa fundamentação não deve ser vista como uma descrição dos processos mentais havidos na cabeça do julgador (os quais somente ele conhece e, ainda assim, apenas às vezes), nem como uma tentativa de *persuadir* terceiros da veracidade da versão dos fatos ali acolhida.[50] Deve ser, isso sim, a apresentação de razões que sustentam ou confirmam a conclusão do julgador e que são aptas, em tese, a conduzir terceiros à mesma conclusão ou a permitir a estes apontar falhas e impugnar assim a respectiva conclusão. Como nota Marcelo Lima Guerra, a fundamentação deve conter a "justificativa da aceitação como verdadeira de uma das alegações controvertidas sobre fato relevante".[51] Deve o julgador indicar os motivos pelos quais considera que um documento, um relato de testemunha, um laudo pericial etc. são por ele considerados como justificativa para a afirmação de que a versão dos fatos acolhida na sentença é tida por verdadeira. Deve o julgador, porém, com igual ou até maior intensidade, indicar os motivos pelos quais reputa que um documento, um relato de testemunha etc. *não devem ser* considerados como justificativa para a afirmação, feita pela parte vencida, de que a versão dos fatos tida por ele como falsa ocorreu. Trata-se, aliás, de ideia aplicável às crenças em geral, inclusive às que subjazem às teorias científicas: para que estejam bem fundamentadas, é preciso que se afastem as teses rivais, ou as explicações alternativas, para os mesmos fenômenos.

Não é lícito ao magistrado, portanto, invocar seu "livre convencimento" e apenas descrever rapidamente alguns elementos constantes do processo para em seguida indicar a versão dos fatos por ele acolhida: é preciso que indique por que desacolhe as outras e por que os meios de prova que embasariam essas outras – e desau-

49. Marcelo Lima Guerra. Premissas para a construção de um léxico constitucional e epistemologicamente adequado em matéria probatória. *Anais do XIX Encontro Nacional do CONPEDI*, realizado em Fortaleza/CE, de 9 a 12 de junho de 2010. Disponível em: www.conpedi.org.br/manaus/arquivos/anais/fortaleza/4060.pdf. Acesso em: 23 abr. 2013, p. 7.745.

50. Michele Taruffo. *La Semplice Verità. Il giudice e la costruzione dei fatti*. Roma: Laterza, 2009, p. 244.

51. Marcelo Lima Guerra. Premissas para a construção de um léxico constitucional e epistemologicamente adequado em matéria probatória, cit., p. 7.746.

torizariam a por ele acolhida – não são considerados como tendo esse efeito ou resultado.[52]

Exemplificando, se nos autos alguns meios de prova geram a presunção de que o contribuinte omitiu rendimentos, enquanto outros geram a presunção de que ele não omitiu, o magistrado deve examiná-los todos, dando especial atenção àqueles que conduzem à conclusão contrária àquela por ele acolhida na sentença. Se considera que houve omissão de rendimentos, mas o perito afirmou que não houve, o magistrado deve apontar as razões pelas quais considera que o laudo está equivocado. Evidentemente, não era uma "fundamentação", nesse caso, a mera referência art. 436 do CPC/1973[53] e aos meios de prova (*v.g.*, cópia do auto de infração, o qual teria "presunção de validade") que conduziam a conclusão diferente, dizendo que "preferiam" esses outros. É preciso dizer por que o laudo é tido por equivocado, ou, por outros termos, por que se deu preferência aos outros meios de prova que apontam em sentido contrário. É o que hoje consta, de forma evidentemente didática – mas infelizmente necessária –, do art. 489, § 1°, IV, do CPC/2015, disposição que se aplica naturalmente tanto às questões de direito como às de fato. Quanto ao laudo pericial, o art. 479 é explícito ao determinar que o juiz indique na sentença "os motivos que o levaram a considerar ou a deixar de considerar as conclusões do laudo, levando em conta o método utilizado pelo perito".

Aliás, dotado de poderes instrutórios, o juiz não pode simplesmente invocar a insuficiência de um meio de prova como motivo para rejeitar as alegativas da parte que têm esse meio como fundamento, principalmente quando isso é feito para a preservação de um ato administrativo dotado de "presunção de validade". É preciso indicar as razões pelas quais outras provas – cuja produção o juiz poderia de ofício determinar – não são factíveis. Se a perícia é inconclusiva, ele pode determinar a realização de outra, a teor do art. 480 do CPC/2015. Se ela foi inconclusiva por razões que, na visão do juiz, levariam *qualquer outra* a ser inconclusiva (*v.g.*, não há dados suficientes a serem examinados), isso deve ser indicado como o motivo pelo qual não se tentou suprir a insuficiência por outros meios.

52. Michele Taruffo. *La Semplice Verità...*, cit., p. 243.
53. CPC/1973: "Art. 436. O juiz não está adstrito ao laudo pericial, podendo formar a sua convicção com outros elementos ou fatos provados nos autos".

Por outras palavras, não são os poderes instrutórios que retiram a imparcialidade do juiz, mas, eventualmente, a possibilidade de o juiz decidir *arbitrariamente* quando os utiliza ou não. Um juiz excessivamente fiscalista, por exemplo, diante de ação anulatória de crédito tributário fartamente documentada, percebendo que os elementos constantes dos autos indicam ter razão o autor, usa à saciedade os referidos poderes instrutórios, chegando mesmo a marcar audiência para ouvir o fiscal e pedir explicações a ele sobre a metodologia usada no lançamento. Tudo para tentar "salvar" o lançamento. Nada errado nisso. O problema, porém, surge quando esse mesmo juiz, diante de demanda de outro contribuinte precariamente comprovada – mas que comportaria esclarecimentos por documentos, perícias ou testemunhas que poderiam ser objeto da iniciativa do juiz –, permanece inteiramente inerte, afirma insuficientes as provas trazidas pelo contribuinte e fundamenta a improcedência do pedido na "presunção de validade do ato administrativo". É preciso, nesse último caso, indicar por que as provas existentes nos autos são insuficientes e por que se considerou que elas não seriam passíveis de complementação providenciada de ofício pelo juiz. Do contrário, será algo inteiramente arbitrário, para ele, decidir quando exercerá os poderes instrutórios ou não.

De tudo isso pode parecer que a fundamentação exigida pelo CPC/2015 seria demasiadamente longa e prolixa. Sobretudo com essa indicação dos motivos pelos quais não se fez uso dos poderes instrutórios à luz de provas insuficientes. Não será assim, contudo. Explicar razões não deve ser confundido com prolixidade. Há decisões, aliás, que possuem inúmeras laudas (de transcrições doutrinárias e jurisprudenciais impertinentes), mas que, não obstante, não são fundamentadas. É o caso, por exemplo, de decisões que passam páginas explicando, em tese, o que é uma medida liminar, o que se entende por fumaça do bom direito e por perigo da demora, mas, ao final, dizem simplesmente que "à luz da presença dos requisitos, defiro a liminar".

Marcelo Lima Guerra[54] tem excelente trabalho no qual conclui, a propósito, que a norma contida no art. 93, IX, da CF/1988

54. Marcelo Lima Guerra. Notas sobre o dever constitucional de fundamentar as decisões judiciais (CF, art. 93, IX). In: Luiz Fux, Nelson Nery Junior e Teresa Arruda Alvim Wambier (Org.). *Processo e Constituição*: estudos em homenagem ao Professor José Carlos Barbosa Moreira. São Paulo: Ed. RT, 2006, p. 517-541.

deve ser vista como um princípio nos termos propostos por Robert Alexy, a saber, como um *mandamento de otimização*, a ser realizado na medida em que isso for factual e juridicamente possível. Assim, o dever de fundamentar a decisão não poderia levar o magistrado a proferir sentença com infinitas páginas, até porque isso implicaria malferimento a outras normas constitucionais, como as que impõem ao Estado a prestação da tutela jurisdicional, que há de ser célere, permitir a imposição de recursos etc. A fundamentação, portanto, deve ser a mais completa e detalhada *possível*, sendo limitações a essa possibilidade não a paciência do juiz ou sua disposição no momento, mas a própria necessidade de o processo seguir adiante. Considera-se suficiente a fundamentação, e atendido o dever de indicá-la, quando a partir dela for possível racionalmente aceitar a decisão – e inverter o ônus argumentativo para quem quiser se opor a ela –, que deverá indicar os motivos pelos quais ela é equivocada, tal como, em termos semelhantes, ocorre na fundamentação de afirmações científicas em geral, tal como explicado anteriormente, no item 2.2.

Releva notar a pertinência, aqui, da mesma consideração feita no item 3.2.2.1 relativamente à provisoriedade das crenças humanas e ao possível conflito dessa provisoriedade com a necessidade de definitividade das soluções oferecidas às questões levadas a juízo. Tudo o que se escreveu lá é pertinente aqui, como é pertinente, também, em discussões relativas a questões axiológicas, a demonstrar, uma vez mais, o caráter *incindível* das dimensões do fenômeno jurídico.

Com efeito, embora a provisoriedade dos juízos humanos a respeito dos fatos seja comum à ciência e aos processos judiciais, no campo da ciência sempre pode haver a apresentação de novas razões, argumentos ou experimentos que, falseando ideias até então tidas como verdadeiras, impelem à sua substituição ou à sua retificação. No caso de um processo judicial, não: é preciso dar fim à discussão. Daí a existência de limitações representadas por prazos de decadência, prescrição, preclusão etc.

A diferença, porém, não é tão grande quanto parece. Primeiro, porque é preciso distinguir, quanto à discussão jurídica, aquela travada em um processo específico e aquela feita "em tese" e que, nessa condição, pode prosseguir mesmo depois de encerrado um ou outro processo. Uma decisão judicial terá sempre esse duplo efeito, um relativo ao caso concreto que deslinda, e outro em relação aos outros semelhantes e futuros, aos quais poderá servir de precedente. No que tange ao primeiro efeito, há definitividade e, em regra, inalterabilidade. Quanto ao segundo, não. Uma jurisprudência reiterada no sentido de que fabricantes de tabaco devem indenizar fumantes, por exemplo, poderia ser revista caso se descobrisse que o tabaco não é prejudicial à saúde, embora isso não conduzisse necessariamente à reabertura de processos já encerrados nos quais essa questão tivesse sido discutida. E o mesmo se dá no plano de outras ciências, e até no comportamento humano em geral, como já explicado no aludido item 3.2.2.1, pois é necessário conciliar a eterna provisoriedade das crenças humanas, de um lado, com a necessidade prática de se tomarem as decisões necessárias à condução da vida diária.

CONSIDERAÇÕES FINAIS E NOTAS PARA FUTUROS APROFUNDAMENTOS

Diante do que foi examinado ao longo deste livro, pode-se concluir, em síntese, que, em face da imperfeição da cognição humana, a atitude mais adequada a ser adotada é a de confiar naquilo que, em tese, poderia ter sua falsidade demonstrada, sem que isso tenha ainda acontecido. Essa confiança, contudo, não é cega e absoluta, porquanto sempre aberta à possibilidade de estar errado aquilo em que se acredita.

Isso significa, por outras palavras, crer na existência de uma resposta correta, seja no que tange a questões empíricas, seja no que diz respeito a questões suprassensíveis, como aquelas relacionadas à moral, mas admitir, por igual, a impossibilidade de se ter uma certeza definitiva sobre se essa resposta correta foi, realmente, alcançada.

Embora em um primeiro momento possam guardar algumas semelhanças, é muito diferente afirmar a inexistência de verdade, de um lado, e defender-se a inexistência de certeza sobre se haver alcançado essa verdade, de outro. Quando uma pessoa perde a chave do próprio carro, por exemplo, o fato de não saber onde essa chave está não autoriza a conclusão de que ela está em todos os lugares ou não está em lugar nenhum. Ela seguramente está em algum lugar e é isso o que justifica o ato de procurá-la.

Retornando ao Direito, tem-se, diante da insuficiência humana na compreensão de todos os fatos, normas e valores relevantes ao deslinde de uma questão jurídica, a possibilidade de se adotar a postura cética, que muito se assemelha ao extremo oposto relativista: como não se tem certeza quanto ao acerto da solução encontrada, qualquer uma serve, havendo no máximo uma "moldura" que separa as admissíveis das inadmissíveis, ainda que as primeiras possam ser as mais diversas. O que importa é dar uma solução ao caso, pelo que o juiz escolhe, livremente, dentro da moldura, a que melhor lhe aprouver. Não existe uma solução correta. Ou, nas palavras de Dworkin,

> [*p*]oder-se-ia pensar que o argumento extraído da falibilidade judicial sugere duas alternativas. A primeira argumenta que, por serem falíveis, os juízes não devem fazer esforço algum para determinar os direitos institucionais das partes diante deles, mas que somente devem decidir os casos difíceis com base em razões políticas ou, simplesmente, não decidi-los. Mas isso é perverso. A primeira alternativa argumenta que, por desventura e com frequência, os juízes tomarão decisões injustas, eles não devem esforçar-se para chegar a decisões justas. A segunda alternativa sustenta que, por serem falíveis, os juízes devem submeter a outros as questões de direito institucional colocadas pelos casos difíceis. Não há razão para atribuir a nenhum grupo específico uma maior capacidade de argumentação moral; ou, se houver uma razão, será preciso mudar o processo de seleção dos juízes, e não as técnicas de julgamento que eles são instados a usar. Assim, essa forma de ceticismo não configura, em si mesma, um argumento contra a técnica de decisão judicial de Hércules, ainda que sem dúvida sirva, a qualquer juiz, como um poderoso lembrete de que ele pode muito bem errar nos juízos políticos que emite, e que deve, portanto, decidir os casos difíceis com humildade.[1]

Com Hércules, Dworkin por outras palavras está a dizer que o fato de não haver certeza quanto ao acerto de uma solução não quer dizer que ela não possa ser considerada acertada, ou, melhor dizendo, que não se deva procurar acertar. Do mesmo modo como precariedade de nossa cognição quanto à realidade empírica não nos autoriza a afirmar que tudo pode ser verdadeiro, pois há afirmações cuja veracidade está, pelo menos por enquanto, mais razoavelmente fundamentada do que outras, essa precariedade quanto a realidades jurídicas e axiológicas não deve ser usada como fundamento para a afirmação de que tudo pode ser correto, não havendo soluções mais adequadamente justificadas do que outras. A metáfora de Hércules, portanto, é uma forma que Dworkin encontrou para defender, de certa maneira, a aplicação de um raciocínio *falibilista* ao Direito, evitando-se o relativismo ou o ceticismo que se materializam, no plano da Teoria do Direito, na figura da "moldura" positivista.

Uma solução apontada para determinado problema jurídico, portanto, pode ser considerada correta até que se apresentem razões

1. Ronald Dworkin. *Levando os direitos a sério*. Trad. Nelson Boeira. São Paulo: Martins Fontes, 2002, p. 203.

pelas quais outra a deva substituir, da mesma forma como ocorre com as teorias referentes às ciências naturais. Pode-se empregar um novo argumento, ou se mencionar um novo aspecto de fato, que podem alterar a convicção inicialmente apontada, mas isso – a provisoriedade dos juízos firmados – não impede que se procurem aqueles que nos parecem os mais acertados.[2] Razões ligadas à praticabilidade e à necessidade de se tomarem decisões imprescindíveis à condução dos assuntos cotidianos fazem com que se considere o que parece correto *por enquanto* para que se tomem essas decisões (é o que faz o Judiciário quando põe fim a um litígio), mas isso não impede que se sigam discutindo as mesmas questões para que casos semelhantes, no futuro, sejam eventualmente resolvidos de forma diferente. Isso ocorre, também, em outros ramos das atividades humanas. Por isso, aliás, a jurisprudência deve ser vista com respeito, mas não como a fonte última e definitiva da verdade em questões jurídicas, a qual, uma vez obtida, não precisaria ou mesmo não poderia mais ser questionada no plano científico ou filosófico.

Outro ponto importante de ser reiterado é o de que as dimensões do fenômeno jurídico são incindíveis. É impossível compreender uma norma jurídica, por exemplo, sem atenção aos fatos por ela disciplinados e aos valores que por meio dela se pretendem otimizar. Essa é uma razão adicional pela qual um estudo reducionista do Direito é inadequado para a sua adequada compreensão, mesmo que se pretenda realizar apenas uma análise das normas em vigor, despreocupada de questões pertinentes a como essas normas deveriam ser. E esse estudo, das normas jurídicas vigentes em determinado ordenamento "como são", e não "como deveriam ser", é apenas uma das abordagens possíveis do fenômeno jurídico, que pode ser examinado, normativa, axiológica ou empiricamente por muitos outros prismas ligados a fatores psicológicos, que influenciam em decisões, a fatores históricos, que auxiliam a compreensão da realidade atual, a fatores biológicos, que esclarecem o surgimento de sentimentos morais e sua influência nas ações humanas etc.

2. Sobre as várias outras formas pelas quais o raciocínio falibilista pode ser aplicado ao estudo e ao enfrentamento do fenômeno jurídico, confira-se Hugo de Brito Machado Segundo. Epistemologia falibilista e Teoria do Direito. *Revista do Instituto do Direito Brasileiro*. v. 1-2014, Lisboa: Universidade de Lisboa, 2014.

Para futuros aprofundamentos, sugere-se a verticalização da abordagem referente a como a ciência e a filosofia podem ocupar-se de realidades puramente institucionais e de como seu estudo pode ser desenvolvido de maneira falibilista. Sabe-se, por certo, que é possível uma objetividade epistêmica e que se deve dar atenção aos critérios, fatores ou parâmetros a partir dos quais as realidades institucionais são criadas, mas é relevante algum aprofundamento a respeito de como isso ocorre.

Como se sabe, o intérprete do Direito, seja ele um estudante, ou um juiz que com ele há de resolver uma questão, não "descobre" e tampouco "inventa" o conteúdo de normas jurídicas. Sua atividade não é meramente descritiva, mas também não pode ser considerada inteiramente criadora. Isso, aliás, vários outros autores já o haviam afirmado.[3] Dworkin, por exemplo, explica como isso ocorre com o recurso à metáfora do "romance em cadeia" (*chain novel*). O trabalho do juiz Hércules consiste em considerar o legislador como o autor de uma novela que lhe cabe terminar, tal como um grupo de romancistas que se reunisse para escrever um romance em cadeia. Em suas palavras:

> Um grupo de romancistas escreve um romance em série; cada romancista da cadeia interpreta os capítulos que recebeu para escrever um novo capítulo, que é então acrescentado ao que recebe o romancista seguinte, e assim por diante. Cada um deve escrever seu capítulo de modo a criar da melhor maneira possível o romance em elaboração, e a complexidade dessa tarefa reproduz a complexidade de decidir um caso difícil de direito como integridade.[4]

Ao receber o romance em elaboração, cada autor não pode escrever o capítulo que lhe cabe de maneira inteiramente livre. Precisa seguir a história já iniciada, preservando personagens, lugares, contextos etc. Se um determinado protagonista da história vem sendo descrito como alguém desonesto e mesquinho, não se pode simplesmente iniciar o novo capítulo descrevendo essa pessoa como altruísta e extremamente correta, por exemplo. É até possível alterar

3. Veja-se, a respeito, Arnaldo Vasconcelos. *Teoria da norma jurídica*. 6. ed. São Paulo: Malheiros Editores, 2006, p. 17; Chaïm Perelman. *Lógica Jurídica*. Trad. Vergínia K. Pupi. São Paulo: Martins Fontes, 2000, p. 203.
4. Ronald Dworkin. O Império do Direito. Trad. Jefferson Luiz Camargo. São Paulo: Martins Fontes, 1999, p. 276.

situações ou posições já firmadas em capítulos anteriores, mas o ônus argumentativo para isso é maior, exigindo-se o oferecimento de boas razões para tanto. Além de dar sequência aos fatos, cada autor da cadeia deve preservar a *integridade* do romance, tornando seus capítulos coerentes com ideias subjacentes ao todo.

Essa comparação, feita por Dworkin, é extremamente feliz, dada a caracterização do direito como *realidade institucional*, assim entendida, conforme já explicado, aquela que somente existe em razão de *regras pactuadas*, explícita ou tacitamente, pela comunidade em torno da qual ela se constitui. São realidades que não existem independentemente de seres pensantes que as reconheçam como tal, porque formadas em atenção a regras constitutivas previamente convencionadas.

O que são, por exemplo, realidades como "série 'c'" ou "terceira divisão"? Aliás, o que é "campeonato brasileiro", ou mesmo "futebol"? O que é uma ação ABEV3? E Sancho Pança? O que é uma *ironia*? Tais entidades existem, enquanto realidades institucionais, ou partes integrantes do que Karl Popper designa por "mundo 3". Existem porque constituídas nos termos de regras constitutivas criadas socialmente e, nessa condição, são reconhecidas como tal (como realidades institucionais) pelos que participam da citada convenção. Um ser pensante que não partilhe desse mesmo consenso quanto à existência de tais realidades institucionais simplesmente não as consegue reconhecer. Um hipotético alienígena que pousasse no planeta terra não "enxergaria" realidades como "série 'c'", "campeonato" ou "futebol", ou "Fortaleza Esporte Clube" a menos que as regras constitutivas de tais realidades fossem explicadas a ele, permitindo-lhe o ingresso na parcela do "mundo 3" popperiano por elas composta.

Diferentemente de uma pedra, ou de uma nova espécie animal, que poderíamos chamar de realidades "brutas" ou "naturais", as realidades institucionais, por não existirem independentemente de quem as reconheça enquanto tal (constituindo-as, de algum modo), não são dotadas de objetividade ontológica. São ontologicamente subjetivas, porque só existem se houver um sujeito que as reconheça. Mas podem ser epistemicamente objetivas, no sentido de que é possível fazer afirmações a respeito delas que não dependam das preferências de quem as afirma.[5] Entretanto, o fato de o observador, de algum modo, também atuar no processo de sua construção faz com que, em maior ou menor medida, sua tarefa não se possa resumir à mera descrição.

Daí a pertinência da comparação feita por Dworkin, que guarda paralelo com a própria ideia de "jogos de linguagem", com a qual Wittgenstein ofereceu solução bastante satisfatória para problema que desde o *Crátilo*, de Platão, intriga os filósofos:[6] as palavras são fruto de mera convenção entre os falantes, ou seu sentido lhes é previamente *dado*, não podendo ser modificado?

Com Wittgenstein, viu-se que elas não são fruto de mera convenção ou acordo entre os falantes. Do contrário, quais palavras teriam sido usadas para formular o primeiro acordo? Por outro lado, elas não são simplesmente dadas pela natureza, tampouco são dotadas de imodificabilidade. Mostra disso é a própria evolução e a plasticidade da língua, que se revela no surgimento de novas palavras, na alteração do sentido de outras etc. De rigor, as palavras têm seu sentido definido pelo uso. Os partícipes de um diálogo *atribuem intenção* uns aos outros e procuram compreender o sentido das palavras à luz do contexto em que utilizadas, o qual sugere a intenção subjacente ao seu emprego. Daí a alusão aos "jogos de linguagem", pois a linguagem é um jogo dotado de regras próprias que se aprendem e que se conhecem quando se participa desse jogo. Alguém que pretenda comunicar-se mas tente fazê-lo violando as regras que orientam os "jogos de linguagem" simplesmente não conseguirá, produzindo o que seus interlocutores entenderão apenas como *nonsense*.

O mesmo se dá com realidades institucionais mais complexas, construídas já a partir de outras realidades institucionais que lhes são subjacentes. É o caso do Direito, da Literatura e da Música, por exemplo. Também neles, os intérpretes, ao "descrevê-los" enquanto realidades institucionais, devem implícita ou explicitamente amparar suas descrições nas regras que constituem tais realidades, sob pena

5. John Searle. Libertad y Neurobiología. Trad. Miguel Candel. Barcelona: Paidós, 2005, p. 92-93.
6. Raquel Cavalcanti Ramos Machado. *Competência Tributária*: entre a rigidez do sistema e a atualização interpretativa. São Paulo, Malheiros Editores, 2014, p. 72.

de essas descrições não serem assim consideradas pelas pessoas às quais forem dirigidas.

Essa relação foi bem percebida por Raquel Cavalcanti Ramos Machado, que registra:

> Ronald Dworkin observa que, quando se interpretam realidades institucionais (uma poesia, um artigo da Constituição, uma partitura musical...), se está fazendo parte de um fenômeno social, vale dizer, o intérprete *se engaja em* ou *participa de* práticas ou tradições interpretativas. Tal como nos "jogos de linguagem" a que alude Wittgenstein relativamente à própria comunicação por meio da linguagem, só que em contextos mais amplos (da Literatura, do Direito, da Música etc.), os quais teriam, além das regras inerentes aos "jogos de linguagem" em geral, regras próprias, constitutivas das realidades a serem interpretadas.[7]

Por isso, Dworkin afirma que o império do direito é definido "pela atitude, não pelo território, o poder ou o processo", e que essa atitude

> (...) é construtiva: sua finalidade, no espírito interpretativo, é colocar o princípio acima da prática para mostrar o melhor caminho para um futuro melhor, mantendo a boa-fé com relação ao passado. É, por último, uma atividade fraterna, uma expressão de como somos unidos pela comunidade apesar de divididos por nossos projetos, interesses e convicções. Isto é, de qualquer forma, o que o direito representa para nós: para as pessoas que queremos ser e para a comunidade que pretendemos ter.[8]

Poder-se-ia dizer que princípios, tal como entendidos por Dworkin, seriam subjetivos e de difícil determinação. "Futuro melhor", por sua vez, seria expressão que representaria um estado de coisas muito diferente, a depender de quem a estivesse empregando. Princípios, contudo, não são, ou não precisam ser, assim tão subjetivos. É possível fazer, a respeito deles, afirmações passíveis de crítica intersubjetiva, seguindo-se uma lógica falibilista, conforme se examinou ao longo dos itens 1.4, 2.6 e 3.3 deste livro. De fato, mesmo autores que partilham dessa visão "relativista" a respeito dos valores, como Kelsen, puderam defender a necessidade de se adotar um regime democrático, no qual todos tenham oportunidade de

7. Idem, ibidem, p. 227-228.
8. Ronald Dworkin. *O império do direito*, cit., p. 492.

influir nas decisões políticas e na elaboração das normas jurídicas, com liberdade e tolerância, respeitando-se, sobretudo, as minorias, para que estas possam, eventualmente, angariar mais adeptos para as suas ideias, passando, no futuro, à condição de maioria.

A contradição em que parece incorrer Kelsen demonstra, na verdade, o caráter inafastável dos valores. Revela que, para defender uma ciência avessa a eles, é preciso não só fazer uso deles, chegando-se, como resultado, à defesa de um regime em que deve prevalecer a vontade da maioria, porque assim se atendem a tendências humanas naturais, com respeito às minorias, com igualdade e tolerância. Tais afirmações são permeadas de juízos de valor, sendo também verdade que a própria ciência, para prosperar, mesmo pretensamente pura e neutra, dependeria de tais valores.

Ainda quanto ao pensamento de Kelsen, e às suas consequências no que tange à interpretação jurídica e a uma suposta discricionariedade judicial, observe-se que, quando se fazem afirmações sobre o direito posto, partam elas de um pesquisador que examina esse objeto em tese ou de alguém envolvido em situação concreta a ser por ele disciplinada, essas afirmações consideram, sempre, asa normas, as situações de fato – imaginárias ou concretas –, sobre as quais incidem essas normas, e os objetivos que com isso se espera alcançar. Em relação a cada um desses fatores, e ainda a outros inevitavelmente envolvidos (*v.g.*, limitações cognitivas e elementos inconscientes de quem faz as afirmações), é possível um debate aberto e falibilista. Pode ocorrer, ainda, de não se ter certeza sobre qual a melhor resposta para as questões suscitadas, mas isso não significa a certeza sobre a inexistência de uma melhor resposta, a qual, de resto, inviabilizaria o próprio debate. A solução kelseniana do "quadro ou moldura" de significados cientificamente possíveis por certo é coerente com sua premissa epistemológica de uma ciência meramente descritiva.[9] Afinal, é inegável que há um espaço dentro do qual as Cortes de fato transitam com alguma liberdade, quando se lhes colocam problemas jurídicos para serem resolvidos. Mas se se pretende construir uma ciência que de algum modo contribua ao aprimoramento da realida-

9. A qual, nos dias atuais, não mais se sustenta. Veja-se, a propósito, André Folloni. *Ciência do Direito Tributário no Brasil*. São Paulo: Saraiva, 2013, p. 408.

de, e se essa realidade, a ser por ela examinada, é orientada a valores que visa a realizar, parece claro que essa visão é insuficiente. O fato de o processo às vezes servir a interesses escusos não desautoriza a afirmação de que ele se presta, no plano ideal, à recomposição do direito que se considera ter sido violado. O fato de inexistir regime democrático perfeito não permite a conclusão de que todo e qualquer regime que adote esse nome será, por si só, democrático e não precisará de qualquer outro aprimoramento. O mesmo se pode dizer das afirmações feitas em torno do Direito.

BIBLIOGRAFIA

AFTALIÓN, Enrique R.; VILANOVA, José; RAFFO, Julio. *Introducción al Derecho*. Buenos Aires, Abeledo-Perrot, 2004.

ATLAN, Henri. Será que a ciência cria valores? O bom, o verdadeiro e o poeta. In: PESSIS-PASTERNAK, Guitta. *A Ciência*: Deus ou Diabo? Trad. Edgard de Assis Carvalho e Mariza Perassi Bosco. São Paulo: Unesp, 2001.

ÁVILA, Humberto Bergmann. A distinção entre princípios e regras e a redefinição do dever de proporcionalidade. *Revista de Direito Administrativo* 215/151-179.

ÁVILA, Humberto Bergmann. *Teoria dos Princípios*. 16. ed., rev. e atual. São Paulo: Malheiros Editores, 2015.

AXELROD, Robert. *A evolução da cooperação*. Trad. Jusella Santos. São Paulo: Leopardo, 2010.

BACHELARD, Gaston. *A formação do espírito científico*. Contribuição para uma psicanálise do conhecimento. Trad. Estela dos Santos Abreu. Rio de Janeiro: Contraponto, 1996.

BARBI, Celso Agrícola. *Comentários ao Código de Processo Civil*. Rio de Janeiro: Forense, 1975. v. 1, t. 2.

BARROS, Suzana de Toledo. *O princípio da proporcionalidade e o controle de constitucionalidade das leis restritivas de direitos fundamentais*. Brasília: Brasília Jurídica, 1996.

BENN, Piers. *Ethics*. London UCL, 1998.

BERGEN, Benjamin. *Louder than Words*. The new science of how the mind makes meaning. New York: Perseus, 2012.

BEST, Steven; KELLNER, Douglas. *The Postmodern Turn*. New York: The Guilford Press, 1997.

BOBBIO, Norberto. *Teoria Geral da Política* – A filosofia política e as lições dos clássicos. Trad. Daniela Beccaccia Versiani. São Paulo, Campus, 2000.

BODEN, Margaret A. *AI:* Its nature and future. Oxford: Oxford University Press. 2016.

BONAVIDES, Paulo. *Curso de Direito Constitucional*. 31. ed. atual. São Paulo: Malheiros Editores, 2016.

BORGES, José Souto Maior. *Ciência feliz*. Trad. Juan Carlos Panez Solorzano. Lima: Palestra, 2012.

BRONOWSKI, Jacob. *O homem e a ciência*: ciência e valores humanos. Trad. Alceu Letal. Belo Horizonte, Itatiaia/São Paulo: Edusp, 1979.

CANOTILHO, J. J. Gomes. *Direito Constitucional e Teoria da Constituição*. 6. ed. Coimbra: Almedina, 2002.

CHALMERS, A. F. *O que é ciência afinal?* Trad. Raul Filker. Brasília: Editora Brasiliense, 1993.

CHRISTIAN, Brian. *O humano mais humano*: o que a inteligência artificial nos ensina sobre a vida. Trad. Laura Teixeira Mota. São Paulo: Companhia das Letras, 2013.

COMTE-SPONVILLE, André. *Valor e verdade* – Estudos cínicos. Trad. Eduardo Brandão. São Paulo: Martins Fontes, 2008.

CORTINA, Adela. *Neuroética y Neuropolítica*. Sugerencias para la educación moral. Madrid, Tecnos, 2011.

CRUZ, Álvaro Ricardo de Souza. *O discurso científico na modernidade*: o conceito de paradigma é aplicável ao direito? Rio de Janeiro: Lumen Juris, 2009.

DAMÁSIO, António R. *E o cérebro criou o homem*. Trad. Laura Teixeira Motta. São Paulo: Companhia das Letras, 2011.

DAMÁSIO, António R. *O erro de Descartes*. Emoção, razão e cérebro humano. 2. ed. São Paulo: Companhia das Letras, 2010.

DAMÁSIO, António R. *O mistério da consciência*. São Paulo: Companhia das Letras, 2002.

DARWIN, Charles. *The Origin of Species by Means of Natural Selection; or the preservation of favored races in the struggle for life*. 6. ed. The Project Gutenberg Ebook, 2009.

DASTON, Lorraine; GALISON, Peter (Coord.). *Objectivity*. New York: Zone books, 2010.

DAWKINS, Richard. *O maior espetáculo da terra*: as evidências da evolução. Trad. Laura Teixeira Motta. São Paulo: Companhia das Letras, 2009.

DAWKINS, Richard. *O relojoeiro cego*. A teoria da evolução contra o desígnio divino. Trad. Laura Teixeira Motta. São Paulo: Companhia das Letras, 2001.

DEEMTER, Kees Van. *Not Exactly. In praise of vagueness*. Oxford: Oxford University Press, 2010.

DIDIER JÚNIOR, Fredie; BRAGA, Paulo Sarno; OLIVEIRA, Rafael. *Curso de Direito Processual Civil*. 6. ed. Salvador: Juspodivm, 2011.

DOUZINAS, Costas. Law and justice in postmodernism. In: CONNOR, Steven (Org.). *The Cambridge Companion to Postmodernism*. Cambridge: Cambridge University Press, 2004.

DWORKIN, Ronald. *Levando os direitos a sério*. Trad. Nelson Boeira. São Paulo: Martins Fontes, 2002.

DWORKIN, Ronald. *O império do direito*. Trad. Jefferson Luiz Camargo. São Paulo: Martins Fontes, 1999.

DWORKIN, Ronald. *Justice for Hedgehogs*. Cambridge: Harvard University Press, 2011.

EINSTEIN, Albert. *Como vejo o mundo*. Trad. H. P. Andrade. Rio de Janeiro: Nova Fronteira, 1981.

FEYERABEND, Paul. *Adeus à razão*. Trad. Vera Joscelyne. São Paulo: Unesp, 2010.

FEYERABEND, Paul. *A conquista da abundância*. Trad. Marcelo Rouanet e Cecília Prada. Porto Alegre, Unisinos, 2006.

FEYERABEND, Paul. On the limited validity of methodological rules. Trad. Eric M. Oberheim e Daniel Sirtes. In: PRESTON, John (Org.). *Paul Feyerabend* – Knowledge, science and relativism – Philosophical papers. Cambridge: Cambridge University Press, 1999. v. 3.

FEYERABEND, Paul. *Realism, Rationalism and Scientific Method*. Cambridge: Cambridge University Press, 1981. v. 1.

FEYERABEND, Paul. *A ciência em uma sociedade livre*. Trad. Vera Joscelyne. São Paulo, Unesp, 2011.

FEYERABEND, Paul. *Contra o método*. Trad. Octanny S. da Mota e Leonidas Hegenberg. Rio de Janeiro: Francisco Alves, 1977.

FEYERABEND, Paul. *Contra o método*. 2. ed. Trad. Cezar Augusto Mortari. São Paulo, Unesp, 2011.

FOLLONI, André. *Ciência do Direito Tributário no Brasil*. São Paulo: Saraiva, 2013.

GADAMER, Hans-Georg. *Elogio da teoria*. Lisboa: Edições 70, 2001.

GADAMER, Hans-Georg. *Verdade e método* – Traços fundamentais de uma hermenêutica filosófica. Trad. Flávio Paulo Meurer. Petrópolis: Vozes, 2008. v. 1.

GARSON, Justin. *The Biological Mind*. A philosophical introduction. New York: Routledge, 2015.

GAZZANIGA, Michael S. *Who's in Charge?* Free will and the science of the brain. New York: Harper Collins, 2011.

GLEISER, Marcelo. *A ilha do conhecimento*. Os limites da ciência e a busca por sentido. Rio de Janeiro, Record, 2014.

GRAU, Eros Roberto. *A ordem econômica na Constituição de 1988*. 17. ed. rev. e atual. São Paulo: Malheiros Editores, 2001.

GREENE, Joshua. *Moral Tribes*. New York: Penguin Press, 2013.

GRONDIN, Jean. Gadamer's basic understanding of understanding. In: DOSTAL, Robert J. (Org.). *The Cambridge Companion to Gadamer*. Cambridge: Cambridge University Press, 2002.

GRONDIN, Jean. *Hermenêutica*. Trad. Marcos Marcionilo. São Paulo: Parábola, 2012.

GUERRA, Marcelo Lima. Notas sobre o dever constitucional de fundamentar as decisões judiciais (CF, art. 93, IX). In: FUX, Luiz; NERY JR., Nelson; WABIER, Teresa Arruda Alvim (Org.). *Processo e Constituição*: estudos em homenagem ao Professor José Carlos Barbosa Moreira. São Paulo: Ed. RT, 2006.

GUERRA, Marcelo Lima. Premissas para a construção de um léxico constitucional e epistemologicamente adequado em matéria probatória. *Anais do XIX Encontro Nacional do CONPEDI* realizado em Fortaleza/CE, de 9 a 12 de junho de 2010. Disponível em: www.conpedi.org.br/manaus/arquivos/anais/fortaleza/4060.pdf. Acesso em: 23 abr. 2013.

GUERRA FILHO, Willis Santiago. *Teoria da ciência jurídica*. São Paulo: Saraiva, 2001.

GUERRA FILHO, Willis Santiago. *Processo constitucional e direitos fundamentais*. 3. ed. São Paulo: Celso Bastos Editor, 2003.

HAAK, Susan. *Manifesto de uma moderada apaixonada*. Trad. Rachel Herdy. Rio de Janeiro: Loyola, 2011.

HAAK, Susan. *Evidence Matters. Science, proof and truth in the Law*. New York: Cambridge University Press, 2014.

HAAK, Susan. *Defending Science* – Within reason. New York: Prometeus, 2003.

HAAK, Susan. *Putting Philosophy to Work*. Essays on science, religion, law, literature and life. Inquiry and its place in culture. New York: Prometeus, 2013.

HABERMAS, Jünger. *Pensamento Pós-Metafísico*: estudos filosóficos. Trad. Flávio Beno Siebeneichler. Rio de Janeiro: Tempo Brasileiro, 1990.

HART, Herbert L. A. *O conceito de direito*. Trad. A. Ribeiro Mendes. 3. ed. Lisboa: Calouste Gulbenkian, 2001.

HELLER, Herman. *Teoria do Estado*. Trad. Lycurgo Gomes da Motta. São Paulo: Mestre Jou, 1968.

HESSEN, Johannes. *Teoria do conhecimento*. Trad. Antonio Correia. 7. ed. Coimbra: Armênio Amado, 1978.

HESSEN, Johannes. *Teoria do conhecimento*. Trad. João Vergílio Gallerani Cuter. São Paulo: Martins Fontes, 2003.

HICKOK, Gregory. *The Myth of Mirror Neurons*. The real neuroscience of communication and cognition. New York: W. W. Norton & Company, 2014.

HOUAISS, Antonio; VILLAR, Mauro de Salles; FRANCO, Francisco Manoel de Melo. *Dicionário Houaiss da língua portuguesa*. Rio de Janeiro: Objetiva, 2001.

HUME, David. *Tratado da Natureza Humana*. 2. ed. Trad. Débora Danowiski. São Paulo: Unesp, 2000.

JAPIASSU, Hilton. *Questões epistemológicas*. Rio de Janeiro: Imago, 1981.

KAHNEMAN, Daniel. *Thinking, Fast and Slow*. New York: Farrar, Straus and Giroux, 2011.

KANT, Immanuel. *Critique of Pure Reason*. Trad. Paul Guyer e Allen W. Wood. Cambridge, Cambridge University Press, 1998.

KAPLAN, Jerry. *Artificial Intelligence*: what everyone need to know. New York: Oxford University Press, 2016.

KELSEN, Hans. *A democracia*. Trad. Ivone Castilho Benedetti, Jefferson Luiz Camargo, Marcelo Brandão Cipolla e Vera Barkow. São Paulo: Martins Fontes, 2000.

KELSEN, Hans. *Teoria pura do direito*. Trad. de J. Batista Machado. 3. ed. Coimbra, Arménio Amado, 1974.

KELSEN, Hans. *Teoria pura do direito*. Trad. João Baptista Machado. 6. ed. São Paulo, Martins Fontes, 2000.

KELSEN, Hans. *Teoria Geral do Direito e do Estado*. Trad. Luis Carlos Borges. São Paulo: Martins Fontes, 2000.

KELSEN, Hans. *Que es la Justicia?* Disponível em: www.usma.ac.pa/web/DI/images/Eticos/Hans%20Kelsen.%20La%20Juticia.pdf. Acesso em: 11 nov. 2008.

KUHN, Thomas S. *A estrutura das revoluções científicas*. Trad. Beatriz Vianna Boeira e Nelson Boeira. 9. ed. São Paulo: Perspectiva, 2005.

KUHN, Thomas S. *A tensão essencial. estudos selecionados sobre tradição e mudança científica*. Trad. Marcelo Amaral Penna-Forte. São Paulo: Unesp, 2009.

LARENZ, Karl. *Metodologia da Ciência do Direito*. Tradução de José Lamego. 3. ed. Lisboa, Fundação Calouste Gulbenkian, 1997.

LIEBERMAN, Matthew D. *Social. Why our brains are wired to connect*. Oxford University Press, ibooks, 2013.

LYOTARD, Jean-François. *The Postmodern Condition*: a report on knowledge. Trad. Geoff Bennington e Brian Massumi. Manchester, Manchester University Press, 1984.

LUKES, Steven. *Moral Relativism*. New York: Picador, 2008.

MACÊDO, Lucas Buril de; PEIXOTO, Ravi Medeiros. *Ônus da prova e sua dinamização*. Salvador: Juspodivm, 2014.

MACHADO, Raquel Cavalcanti Ramos. *Competência Tributária*. Entre a rigidez do sistema e a atualização interpretativa. São Paulo: Malheiros Editores, 2014.

MACHADO SEGUNDO, Hugo de Brito. *Por que Dogmática Jurídica?* Rio de Janeiro: Forense, 2008.

MACHADO SEGUNDO, Hugo de Brito. Direito Natural à luz da biologia e da neurociência. In: OLIVEIRA JÚNIOR, José Alcebíades de; TRAMONTINA, Robison; SANTOS, André Leonardo Copetti (Org.). *Filosofia do Direito I*. Florianópolis, Conpedi, 2014. v. 1/390-408.

MACHADO SEGUNDO, Hugo de Brito. Epistemologia falibilista e Teoria do Direito. *Revista do Instituto do Direito Brasileiro*. Lisboa: Universidade de Lisboa, 2014. v. 1-2014.

MACHADO SEGUNDO, Hugo de Brito. *Fundamentos do direito*. São Paulo: Atlas, 2010.

MACHADO SEGUNDO, Hugo de Brito. Ponderação de princípios – Há como afastá-la? *Revista da Faculdade de Direito do Sul de Minas*. v. 26/161-180, 2008.

MALEBRANCHE, Nicolas. *A busca da verdade*. Trad. Plínio Junqueira Smith. São Paulo: Discurso Editorial, 2004.

MARCONI, Diego. *Per la Verità*. Relativismo e filosofia. Torino: Einaudi, 2007.

MARQUES NETO, Agostinho Ramalho. *A ciência do direito*. 2. ed. Rio de Janeiro: Renovar, 2001.

MATURANA R., Humberto; VARELA G., Francisco. *A árvore do conhecimento*: as bases biológicas do entendimento humano. Trad. Jonas Pereira dos Santos. Campinas, Psy II, 1995.

METZINGER, Thomas. *Ego Tunnel*: the science of the mind and the myth of the self. New York, Basicbooks, 2010.

MIRANDA, F. C. Pontes de. *O problema fundamental do conhecimento*. Porto Alegre, O Globo, 1937.

MIRANDA, F. C. Pontes de. *O problema fundamental do conhecimento*. Campinas, Bookseller, 1999.

MITCHELL, Melanie. *Complexity* – A guided tour. Oxford: Oxford University Press, 2009.

MLODINOW, Leonard. *Subliminar*: como o inconsciente influencia nossas vidas. Rio de Janeiro: Zahar, 2013.

NICKLES, Thomas (Org.). *Thomas Kuhn*. Contemporary philosophy in focus. New York: Cambridge University Press, 2003.

NICOLELIS, Miguel. *Muito Além do Nosso Eu*. São Paulo: Companhia das Letras, 2011.

NOZICK, Robert. *Invariances* – The structure of the objective world. Massachusetts/London: Harvard University Press, 2001.

OLIVEIRA JÚNIOR, José Alcebíades de; TRAMONTINA, Robison; SANTOS, André Leonardo Copetti (Org.). *Filosofia do Direito I*. Florianópolis: Conpedi, 2014.

PEDREIRA, José Luiz de Bulhões. *Conhecimento, direito e sociedade*. Introdução ao conceito de direito. Rio de Janeiro: Renovar, 2009.

PERELMAN, Chaïm. *Lógica Jurídica*. Trad. Vergínia K. Pupi. São Paulo: Martins Fontes, 2000.

PERELMAN, Chaïm; OLBRECHTS-TYTECA, Lucie. *Tratado da Argumentação: a nova retórica*. Trad. Maria Ermantina Galvão. São Paulo: Martins Fontes, 2000.

PESSIS-PASTERNAK, Guitta. *A ciência*: Deus ou o Diabo? Trad. Edgard de Assis Carvalho e Mariza Perassi Bosco. São Paulo: Ed. Unesp, 2001.

POINCARÉ, Henry. *O valor da ciência*. Trad. Maria Helena Franco Martins. Rio de Janeiro, Contraponto, 1995.

POLLOCK, John L.; CRUZ, Joseph. *Contemporary Theories of Knowledge*. 2. ed. Maryland: Rowman & Littlefield, 1999.

PONTES, Helenilson Cunha. *O Princípio da Proporcionalidade no Direito Tributário*. São Paulo: Dialética, 2000.

POPPER, Karl. *A lógica da pesquisa científica*. Trad. Leônidas Hegenberg e Octanny Silveira da Mota. 12. ed. São Paulo: Cultrix, 2006.

POPPER, Karl. *A vida é aprendizagem* – Epistemologia evolutiva e sociedade aberta. Trad. Paula Taipas. São Paulo: Edições 70, 2001.

POPPER, Karl. *A sociedade aberta e seus inimigos*. Trad. Milton Amado. Belo Horizonte/São Paulo: Itatiaia/Edusp, 1974. v. 2.

POPPER, Karl. *O mito do contexto*. Em defesa da ciência e da racionalidade. Trad. Paula Taipas. Lisboa: Edições 70, 2009.

POPPER, Karl. *A lógica das ciências sociais*. 3. ed. Trad. Estevão de Rezende Martins. Rio de Janeiro: Tempo Brasileiro, 2004.

POPPER, Karl. *Em busca de um mundo melhor*. Trad. Milton Camargo Mota. São Paulo: Martins Fontes, 2006.

PORTALIS, Jean-Étienne-Marie. *Discours Préliminaire du Premier Projet de Code Civil*. Disponível em: www.justice.gc.ca/fra/apd-abt/gci-icg/code/civil.pdf.

PLATÃO. *Teeteto*. Trad. Adriana Manuela Nogueira e Marcelo Boeri. 4. ed. Lisboa: Fundação Calouste Goulbenkian. 2015.

PRAKKEN, Henry; SARTOR, Giovanni. *More on Presumptions and Burdens of Proof. EUI Working Papers Law* 2008/80. Disponível em: http://ssrn.com/abstract=1317348. Acesso em: 12 abr. 2013.

PRAKKEN, Henry. *The three Faces of Defeasibility in the Law*. Disponível em: www.cs.uu.nl/groups/IS/archive/henry/ratiojuris03.pdf.

PRESTON, John (Org.). *Paul Feyerabend* – Knowledge, science and relativism – Philosophical papers. Cambridge: Cambridge University Press, 1999.

RAMACHANDRAN, V. S. *The Tell-Tale Brain. A neuroscientist's quest for what makes us human*. New York: WW Norton & Company, 2011.

REALE, Miguel. *Direito natural/direito positivo*. São Paulo, Saraiva, 1984.

RESCHER, Nicholas. *Epistemology* – An introduction to the theory of knowledge. Albany: State University of New York Press, 2003.

RESCHER, Nicholas. *Presumption and the Practices of Tentative Cognition*. Cambridge: Cambridge University Press, 2006.

RICH, Elaine. *Artificial Intelligence*. McGraw-Hill, 1983.

RIDLEY, Matt. *The Rational Optimist: how prosperity evolves*. New York: Harper Collins, 2010.

ROCHA, Armando Freitas da; ROCHA, Fábio Theoto da. *Neuroeconomia e processo decisório*: de que maneira o seu cérebro toma decisões. Rio de Janeiro: LTC, 2011.

RUHL, J. B. Law's Complexity: a primer. *Georgia State University Law Review*. v. 24, questão 4, verão 2008, artigo 9. Disponível em: http://readingroom.law.gsu.edu/gsulr/vol24/iss4/9.

RUSSO, Eduardo Ángel. *Teoría General del Derecho*. En la modernidad y en la postmodernidad. 4. ed. Buenos Aires: Abeledo-Perrot, 2011.

RUTHERFORD, Adam. *Criação*: a origem da vida/o futuro da vida. Trad. Maria Luiza X. de A. Borges. Rio de Janeiro, Zahar, 2014.

SANTOS, Boaventura de Sousa. *Um discurso sobre as ciências*. 6. ed. São Paulo, Cortez, 2009.

SCHAUER, Frederick. *Playing by the Rules*. A philosophical examination of ruled-based decision-making in law and in life. New York: Oxford University Press, 1991, reeimp. 2002.

SCHAUER, Frederick. *The Force of Law*. New York: Harvard University Press, 2015.

SEARLE, John. *Libertad y Neurobiología*. Trad. Miguel Candel. Barcelona: Paidós, 2005.

SEN, Amartya. *The Idea of Justice*. Cambridge: Mass., Harvard University Press, 2009.

SHAPIRO, Stewart. *Vagueness in Context*. Oxford: Claredon Press, 2006.

SHERMER, Michael. *Cérebro e crença*. Trad. Eliana Rocha. São Paulo: JSN, 2012.

SILVA, Virgílio Afonso da. Princípios e regras: mitos e equívocos acerca de uma distinção. *Revista Latino-Americana de Estudos Constitucionais*, n. 1. Belo Horizonte, Del Rey, jan.-jun. 2003.

SILVA, Virgílio Afonso da. O proporcional e o razoável. In: TORRENS, Haradja Leite; ALCOFORADO, Mario Sawatani (Coord.). *A expansão do direito* – Estudos de Direito Constitucional e Filosofia do Direito, em homenagem ao Professor Willis Santiago Guerra Filho. Rio de Janeiro: Lumen Juris, 2004.

SOKAL, Alan; BRICMONT, Jean. *Imposturas Intelectuales*. Trad. Joan Carles Guix Vilaplana. Barcelona: Paidós, 1999.

SOSA, Ernest. *Epistemologia da Virtude*. Crença apta e conhecimento reflexivo. Trad. Luiz Paulo Rouanet. São Paulo, Loyola, 2013.

SPITZER, Manfred e outros. The neural signature of social norm compliance. *Neuron* 56. Elsevier, 4.10.2007.

SUNSTEIN, Cass. *Going to Extremes*: how like minds unite and divide. New York, Oxford University Press, 2009.

TALEB, Nassim Nicholas. *El Cisne Negro*. El impacto de lo altamente improbable. Trad. Roc Filella. Barcelona, Paidós, 2011.

TARUFFO, Michele. *La Semplice Verità*. Il giudice e la costruzione dei fatti. Roma: Laterza, 2009.

TARUFFO, Michele. *La Prueba de los Hechos*. 3. ed. Trad. Jordi Ferrer Beltrán. Madrid, Trotta, 2009.

TEGMARK, Max. *Life 3.0*. Ser-se humano na era da inteligência artificial. Trad. João Van Zeller. Alfragide: Dom Quixote, 2019.

TERSMAN, Folke. *Moral Disagreement*. New York: Cambridge University Press, 2006.

THALER, Richard H.; SUNSTEIN, Cass R. *Nudge*: o empurrão para a escolha certa. Aprimore suas decisões sobre saúde, riqueza e felicidade. Trad. Marcello Lino. Rio de Janeiro, Elsevier, 2009.

TOMASELLO, Michael. *The Cultural Origins of Human Cognition*. Cambridge: Mass., Harvard University Press, 1999.

TORRENS, Haradja Leite; ALCOFORADO, Mario Sawatani (Coord.). *A expansão do direito* – Estudos de Direito Constitucional e Filosofia do Direito, em homenagem ao Professor Willis Santiago Guerra Filho. Rio de Janeiro: Lumen Juris, 2004.

VASCONCELOS, Arnaldo. *Direito, humanismo e democracia*. São Paulo: Malheiros Editores, 1998; 2. ed. São Paulo, Malheiros Editores, 2006.

VASCONCELOS, Arnaldo. *Teoria Pura do Direito* – Repasse crítico de seus principais fundamentos. Rio de Janeiro: Forense, 2003.

VASCONCELOS, Arnaldo. *Teoria da norma jurídica*. 6. ed. São Paulo: Malheiros Editores, 2006.

VASCONCELOS, Arnaldo. *Direito e força* – Uma visão pluridimensional da coação jurídica. São Paulo: Dialética, 2001.

VASCONCELOS, Arnaldo (Coord.). *Temas de epistemologia jurídica*. Fortaleza: Unifor, 2009.

WAAL, Frans de. *Good Natured*: the origins of right and wrong in humans and other animals. Cambridge: Harvard University Press, 1996.

WAAL, Frans de. *The Bonobo and the Atheist*: in search of humanism among the primates. New York: W. W. Norton & Company, 2013.

WACHTERHAUSER, Brice. Getting it right: relativism, realism and truth. In: DOSTAL, Robert J. (Org.). *The Cambridge Companion to Gadamer*. Cambridge: Cambridge University Press. 2002.

WHITEHEAD, Alfred North. *A ciência e o mundo moderno*. Trad. Herman Herbert Watzlawick. São Paulo: Paulus, 2006.

WOLFF, Francis. *Nossa humanidade*. De Aristóteles às neurociências. Trad. Roberto Leal Ferreira. São Paulo: Unesp, 2012.

ZIMAN, John. *O conhecimento confiável*. Trad. Tomás R. Bueno. Campinas: Papirus, 1996.

ZIMMERMAN, Aaron. *Moral epistemology*. New York, Routledge, 2010.